新时代新思想论丛

总策划　总主编　王晶

坚持建设中国特色社会主义法治体系

JIANCHI JIANSHE ZHONGGUO TESE SHEHUI ZHUYI FAZHI TIXI

王　旭◎著

中共中央党校出版社

图书在版编目（CIP）数据

坚持建设中国特色社会主义法治体系/王旭著．--北京：中共中央党校出版社，2022.9（2022.11 重印）

ISBN 978-7-5035-7380-4

Ⅰ.①坚… Ⅱ.①王… Ⅲ.①社会主义法治-研究-中国 Ⅳ.①D920.0

中国版本图书馆 CIP 数据核字（2022）第 150934 号

坚持建设中国特色社会主义法治体系

策划统筹 冯 研
责任编辑 任 典
责任印制 陈梦楠
责任校对 魏学静
出版发行 中共中央党校出版社
地　　址 北京市海淀区长春桥路 6 号
电　　话 （010）68922815（总编室）　（010）68922233（发行部）
传　　真 （010）68922814
经　　销 全国新华书店
印　　刷 北京柏力行彩印有限公司
开　　本 710 毫米×1000 毫米　1/16
字　　数 114 千字
印　　张 12
版　　次 2022 年 9 月第 1 版　2022 年11月第 2 次印刷
定　　价 43.00 元

微 信 ID：中共中央党校出版社　**邮　　箱**：zydxcbs2018@163.com

总　序

让新思想“飞入寻常百姓家”

2017年8月，在完成《人类命运：治理简史》的专著写作之后，我的思考一直随着书中结尾提出的问题延续：当人类社会发展处于“分”和“合”、“破”和“立”、“进”和“退”的十字路口，到底该何去何从？我们可以设想，数十年、百年甚至千年之后，我们的子孙后代会不会因为当下政治家的智慧与善意，逢凶化吉、春风化雨，让造福人类的抉择被传为佳话？或许因今天的错误和愚昧，把人类再次推向灾难的深渊，让悲惨世界重演，让后人不齿？

这是历史之问，也是未来之问；这是国家之问，也是世界之问；这是文明之问，也是时代之问；这是实践之问，也是理论之问。当我跨越“人类治理前世今生”的全过程、完成从国家诞生到全球治理时代来临的发展逻辑的系统梳理后，我愈发深刻地认识到，问题的答案必须在当下的中国寻找，也只能在当下的中国寻找。

党的十八大以来，习近平总书记以马克思主义理论家的非凡理论勇气、卓越政治智慧、强烈使命担当，对新时代党和国家事业发展的一系列重大理论和实践问题进行了深邃思考和科学判断，以全新的视野深化对中国共产党执政规律、社会主义建设规律、人类社会发展规律的认识，提出了一系列原创性的治国理政新理念新思想新战略，创立了习近平新时代中国特色社会主义思想。这一伟大思想，从理论和实践结合上系统回答了新时代坚持和发展什么样的中国特色社会主义、怎样坚持和发展中国特色社会主义，建设什么样的社会主义现代化强国、怎样建设社会主义现代化强国，建设什么样的长期执政的马克思主义政党、怎样建设长期执政的马克思主义政党等重大时代课题，实现了马克思主义中国化新的飞跃，是当代中国马克思主义、二十一世纪马克思主义，是中华文化和中国精神的时代精华，是中国共产党和国家必须长期坚持的指导思想，是引领实现中华民族伟大复兴中国梦的强大思想武器和行动指南。

新时代催生新思想，新思想引领新发展。新时代之新，新在我国进入一个新的发展阶段，发展环境、发展条件和目标任务都发生了新的变化，在新的历史条件下继续夺取中国特色社会主义伟大胜利；新在中华民族迎来了从站起来、富起来到强起来的伟大飞跃，踏上了全面建设社会主义现代化国家新征程，比历史上任何时期都更接近、更有信心和能力实现中华民族伟大复兴的目标；新在从现在起，中国共产党的中心任务就是团结带领全国各族人民全面建成社会主义现代化强国、实现第二个百年奋斗目标，以中国式现代化全面推进中华民族伟大复兴；新在新时代中国特色社会主义今天正以崭新的面貌迈向正在到来的数字时代，并全面开启国家治理现代化建设；新在全国各族人民更加紧密团结在以习近平同志为核心的党中央周围，在风清气正的政治生态和绿水青山的自然生态里，在党为人民和民心向党的良性互动中，同心筑梦；新在科学社会主义在21世纪的中国焕发出强大生机活力，在世界上高高举起了中国特色社会主义伟大旗帜；新在中国前所未有地走近世界舞台中央，世界也在期待中国为人类作出更大贡献。新思想吹响了向新时代伟大进军的奋进号角，照耀着民族伟大复兴必然实现的历史征程，凝聚起创造新的中国奇迹的团结力量。

“时代是思想之母，实践是理论之源。”新时代是一个需要理论而且一定能够产生伟大理论的时代，是一个需要思想而且一定能够产生伟大思想的时代。这个伟大的新思想，就是习近平新时代中国特色社会主义思想。这一思想，坚持马克思主义科学性和实践性的有机统一，以解决当下社会主要矛盾、实现人民对美好生活的向往为工作中心，以一系列具有原创性的新理念新思想新战略，续写马克思主义中国化时代化的新篇章，指引我们在迅速变化的时代中赢得主动、在新的伟大斗争中赢得胜利、在中华民族伟大复兴征程上不断迈出新步伐。在当代中国，坚持和发展习近平新时代中国特色社会主义思想，就是真正坚持和发展马克思主义，就是真正坚持和发展科学社会主义。习近平新时代中国特色社会主义思想的时代意义，在于其从新的实际出发，开辟了通向中国特色社会主义现代化强国的真理道路，为实现“两个一百年”奋斗目标和中华民族伟大复兴的中国梦提供了行动指南；这一思想的世界意义，在于其为解决人类问题贡献了中国智慧和中国方案。

我作为本论丛的总策划、总主编，与专家团队时刻秉持高度的使命感和责任感，如履薄冰、兢兢业业地推进着编纂工作。在动笔之前，我们即明确了写作原则：一是筑牢思想根基，坚持以马克思主义为指导，坚持正确的世界观和方法论；二是坚持以史为鉴，依托中华民族优秀传统文化的深厚积淀，注重总结和发扬五千年中国国家治理的智慧；三是博采众家之长，合理借鉴人类文明一切优秀成果，创造性运用和升华人类历史经验；四是善于传承创新，充分汲取新中国成立以来，尤其是改革开放以来中国特色社会主义理论体系的发展成果；五是注重集其大成，在上述国家治理思想体系的基础上，在横跨古今中外的广阔理论视野中回归聚焦新时代新思想，系统阐发习近平总书记面向新时代、新格局、新阶段所提出的焕然一新的治国理政思想体系和执政方略。

习近平新时代中国特色社会主义思想是一个完整宏大、与时俱进的科学理论体系。从党的十九大、十九届六中全会提出的“十个明确”“十四个坚持”“十三个方面成就”到2022年全国两会首次鲜明提出“五个必由之路”的重大论断，再到党的二十大提出的“六个必须坚持”的世界观和方法论，习近平总书记观大势、谋全局、明方向，深刻揭示了中国答卷背后的成功密码，整个理论框架立足国际国内实际，在时代课题的拓新与时代精神的升华中，不断推进理论创新和理论创造，既一以贯之又不断丰富发展。

本论丛从全面梳理习近平总书记面向新时代治国理政的思想体系，既立足顶层思维，树立新时代的新思想，又立足现实生活，指导新时代的新实践，两者有机融合、有机统一，凝结着中国共产党坚持和发展中国特色社会主义的经验总结，凝结着以习近平同志为核心的党中央对中国特色社会主义规律性认识的深化、拓展、升华，是习近平新时代中国特色社会主义思想体系的“四梁八柱”，有力撑起了整个体系的宏伟大厦。

本论丛共22本，包括《中国共产党是最高政治领导力量》《强国伟业》《美好生活论》《大国布局》《将改革进行到底》《建设法治中国》《新发展理念引领》《坚持党对人民军队的绝对领导》《大变局下的中国与世界经济》《坚持全面从严治党》；还包括《坚持党对一切工作的领导》《以人民为中心》《全面深化改革不停歇》《坚持人民当家作主》《坚持建设中国特色社会主义法治体系》《坚持社会主义核心价值体系》《坚持在发展中保障和改善民生》《生态兴　文明兴》《坚持总体国家安全观》《强军新时代》《坚持推动构建人类命运共同体》《统一伟业》。

22位来自中共中央党校（国家行政学院）、中央党史和文献研究院、军事科学院、中国社会科学院、中国人民大学等全国党政机关、科研单位和著名高校等有关单位的专家学者，充分发挥各自研究领域专长，在体系化纲举目张、一体化谋篇布局、协同化统筹推进的基础上，扎牢根基、“瞻前顾后”，全面、深入、清晰地阐述习近平新时代中国特色社会主义思想的核心要义（“十个明确”）和习近平新时代中国特色社会主义思想的方略体系（“十四个坚持”）的主要内容，高度凝练、全面梳理、系统阐释习近平总书记面向新时代治国理政的思想体系。

论丛力求做到以朴实易懂的文字写出时代感，富有可读性，选取广大读者真正关心关注的国际国内问题，致力于把习近平新时代中国特色社会主义思想的深刻内涵转化成百姓看得懂、听得懂、能读透的语言，不绕弯子，不端架子，用简洁的语言直截了当地讲清道理，将习近平新时代中国特色社会主义思想的每一梁、每一柱都深入写透，让更多普通百姓能够读懂习近平新时代中国特色社会主义思想的科学体系，读懂党的大政方针，读懂美好生活的奋斗前景，真正掌握用马克思主义观察时代、把握时代、引领时代的科学智慧，不断增强对实现中华民族伟大复兴中国梦的信心，凝聚起战胜前进道路上一切困难挑战的必胜勇气。

党的十九届六中全会公报指出："世界百年未有之大变局和新冠肺炎疫情全球大流行交织影响，外部环境更趋复杂严峻。"党的二十大报告指出："世界之变、时代之变、历史之变正以前所未有的方式展开，人类社会面临前所未有的挑战。"当前各国普遍陷入危机和不安，弥漫在全人类间的是惶恐和无助，此时更应当将中国道路、中国智慧、中国方案精彩呈现在世界面前，充分彰显党和国家各项事业取得的新的重大成就和未来光明前景。新时代10年的伟大变革，在党史、新中国史、改革开放史、社会主义发展史、中华民族发展史上具有里程碑意义，论丛将系统呈现习近平总书记治国理政的宏大思路。

真心地感慨习近平新时代中国特色社会主义思想这座高山景行的思想富矿，及其所体现出的人民至上、崇高信仰、历史自觉、问题导向、斗争精神、天下情怀的精髓要义和思想风范，集中体现出新时代中国共产党人的理论创造、实践探索、政治品格，令人常学常新、常思常明、常践常得，自觉沿着习近平总书记指引的道路奋勇前进！

真诚地感谢中共中央党校领导的全力支持以及各位教授的严格把关，感谢各位专家历经三年多的潜心创作和持续修改，感谢中共中央党校出版社的尽心尽力，感谢马克思主义理论专家、红旗文稿杂志社社长顾保国担任本丛书总审稿人和组织协调者。集众人之智慧，成天下之大事，正是大家的群策群力、力出一孔，才有今天这套“新时代新思想论丛”的顺利问世。

真切地希望“新时代新思想论丛”能够成为真正代表新时代新思想、新理论“教科书”级别的作品，成为老百姓喜闻乐见的优秀通俗理论读物，真正彰显系列丛书的政治价值、社会价值、学术价值和历史价值，让“新思想”真正能够“飞入寻常百姓家”！

王　晶

2022年10月16日·二十大召开之时

本书系中国人民大学习近平新时代中国特色社会主义思想研究工程成果（项目批准号：22XNQ003）。特此感谢中国人民大学习近平法治思想研究工程为笔者的研究、写作提供的良好工作条件与丰富的相关资料。

前　言

习近平总书记在庆祝中国共产党成立100周年大会上的讲话中提出："我们坚持和发展中国特色社会主义，推动物质文明、政治文明、精神文明、社会文明、生态文明协调发展，创造了中国式现代化新道路，创造了人类文明新形态。"① 坚持全面依法治国，就是中国式现代化新道路的重要表现形式。习近平总书记明确指出，"全面推进依法治国这件大事能不能办好，最关键的是方向是不是正确、政治保证是不是坚强有力，具体讲就是要坚持党的领导，坚持中国特色社会主义制度、贯彻中国特色社会主义法治理论。"② 党的十九届五中全会《中共中央关于制定国民经济和社会发展

---

① 习近平：《在庆祝中国共产党成立100周年大会上的讲话》，《人民日报》2021年7月2日。

② 习近平：《坚持走中国特色社会主义法治道路更好推进中国特色社会主义法治体系建设》，《求是》2022年第4期。

第十四个五年规划和二〇三五年远景目标的建议》提出了2035年基本建成法治国家、法治政府、法治社会的重要目标。2020年11月，在中央全面依法治国工作会议上，党中央提出了“习近平法治思想”，习近平总书记发表重要讲话，提出全面推进依法治国需要做到“十一个坚持”，构成了习近平法治思想的核心要义。党中央对于为什么要坚持依法治国、如何坚持依法治国已经作出了顶层设计和整体部署，包括时间表、路线图和任务书，更重要的是，形成了全面推进依法治国的行动指南与根本遵循的习近平法治思想。这标志着我国全面推进依法治国进入了全新阶段。本书正是在学习贯彻习近平法治思想基础上，对标党的十九届五中全会关于法治中国建设的远景目标，重点围绕习近平法治思想核心要义之一“坚持建设中国特色社会主义法治体系”所形成的“完备的法律规范体系、高效的法治实施体系、严密的法治监督体系、有力的法治保障体系、基本完备的党内法规体系”的五个部分的具体展开，并在此基础上进行了初步学习、阐释和研究。

党的十八大以来，中国全面依法治国事业发生了历史性变革，取得了历史性成就，二十大报告明确指出“全面依法治国总体格局基本形成。”这归根结底是有习近平法治思想的科学指引。习近平法治思想是在马克思主义法治原理基础上继往开来、结合中国国情创造性转化的法治理论集大成，它的丰富内涵、重大意义、核心要义、科学方法始终贯穿于本书思考、写作的全过程。全书的第一章和第二章可以看作是对习近平法治思想的整体学习体会，构成了本书的总论和理论基础，围绕习近平法治思想的提出、习近平法治思想的重大意义、习近平法治思想的核心要义与科学方法、习近平法治思想阐明的全面依法治国重大辩证关系等基本原理进行了学习阐发。其他部分则是分论，以社会主义法治体系包含的五个部分为基本组成，将习近平法治思想的内在精神努力贯注于其中，全面展开具体论述，以求形成中国全面依法治国理论的初步体系性解读。其中，第三章聚焦于社会主义法律体系，围绕立法的基本体制、基本要求、社会主义法律体系基本特征、重点领域立法、《中华人民共和国民法典》编纂中的习近平法治思想等问题进行了深入阐述；第四章围绕社会主义法治实施体系，对宪法实施，严格执法、公正司法、全民守法等问题进行了全面介绍；第五章聚焦社会主义法治监督体系，介绍了以自我革命精神为动力的我国法治监督体系的基本内容、重点改革和完善方向；第六章以习近平法治思想的相关要求为标准，介绍、研究了社会主义法治保障体系基本内容；第七章聚焦基本完备的党内法规体系，从基本原理、基本制度、依法治国与依规治党的关系等方面进行了初步研究。

目录

CONTENTS

第一章　全面依法治国的根本遵循和行动指南 …………（ 1 ）
一、习近平法治思想的提出 ……………………………（ 1 ）
二、习近平法治思想的重大意义 …………………………（ 2 ）
三、习近平法治思想的科学方法与核心要义 ……………（ 15 ）
四、习近平法治思想是中国式现代化法治道路的行动指南 ……………………………………………（ 20 ）

第二章　习近平法治思想阐明的依法治国中的重大辩证关系 ……………………………………………（ 26 ）
一、正确处理法治道路、理论与制度的关系 ……………（ 27 ）
二、正确处理党的领导与社会主义法治的关系 …………（ 30 ）
三、正确处理法治的中国性与世界性的关系 ……………（ 32 ）
四、正确处理法治发展长远性与阶段性的关系 …………（ 34 ）
五、正确处理作为战略目标与战略举措的法治的关系 ……………………………………………（ 37 ）

六、正确处理依法治国与以德治国的关系 …………… (39)
七、正确处理法治实践与法学教育的关系 …………… (41)

第三章　依法治国的立法根基
——建构完备的社会主义法律规范体系 ……… (46)
一、社会主义法律规范体系的基本内容 …………… (46)
二、社会主义法律规范体系的重大特征 …………… (57)
三、社会主义法律规范体系与良法善治 …………… (60)
四、习近平法治思想的具体运用：加强重点领域立法与法典编纂 ………………………………… (62)

第四章　依法治国的具体实施
——打造高效的社会主义法治实施体系 ……… (71)
一、法治实施的基本要求 …………………………… (71)
二、加强宪法实施 …………………………………… (74)
三、执法体系完善与执法能力提升 ………………… (97)
四、公正司法与司法能力的现代化 ………………… (102)
五、中国法治实施的重点与难点 …………………… (108)

第五章　依法治国的自我革命
——确保严格的社会主义法治监督体系 ……… (116)
一、国家监察体系的建立 …………………………… (117)
二、法律监督机关体系的建设 ……………………… (123)

三、社会监督体系的建设 …………………………………… (132)

第六章 依法治国的重要托底
——建立有力的社会主义法治保障体系 ……… (134)
一、社会主义法治保障体系的要素 ……………………… (134)
二、社会主义法治保障体系建构的主要原则 ………… (144)
三、社会主义法治保障与基层治理 ……………………… (145)

第七章 建构完善的党内法规体系 ………………………… (153)
一、党规与国法的一般关系 ……………………………… (153)
二、社会主义党内法规体系及其科学治理逻辑 ……… (156)
三、统筹推进依法治国与依规治党 ……………………… (159)

后 记 ………………………………………………………… (163)

第一章　全面依法治国的根本遵循和行动指南

一、习近平法治思想的提出

2020年11月16日至17日，中央全面依法治国工作会议在北京召开。中共中央总书记、国家主席、中央军委主席习近平出席会议并发表重要讲话，强调推进全面依法治国要全面贯彻落实党的十九大和十九届二中、三中、四中、五中全会精神，从把握新发展阶段、贯彻新发展理念、构建新发展格局的实际出发，围绕建设中国特色社会主义法治体系、建设社会主义法治国家的总目标，坚持党的领导、人民当家作主、依法治国有机统一，以解决法治领域突出问题为着力点，坚定不移走中国特色社会主义法治道路，在法治轨道上推进国家治理体系和治理能力现代化，为全面建设社会主义现代化国家、实现中华民族伟大复兴的中国梦提供有力法治保障。会议强调，习近平法治思想内涵丰富、论述深刻、逻辑严密、系统完备，从历史和现实相贯通、国际和国内相关联、理论和实际相结合上深刻回答了新时代为什么实行全面依法治国、怎样实行全面依法治国等一系列重大问题。习近平法治思想是顺应实现中华民族伟大复兴时代要求应运而生的重大理论创新成果，是马克思主义法治理论中国化的最新成果，是习近平新时代中国特色社会主义思想的重要组成部分，是全面依法治国的根本遵循和行动指南。

二、习近平法治思想的重大意义

习近平法治思想内容博大精深，体系完备严谨，价值融贯一致，是在深刻洞察社会主义国家法治建设规律、社会主义政党长期执政规律和人类社会法治文明演进规律基础上和在马克思主义基本原理指导下对中国实践经验的理论总结与提升。习近平法治思想的提出具有重大的历史意义、理论意义和实践意义，对这些意义进行揭示和说明，是我们深入学习习近平法治思想的基本前提。

（一）习近平法治思想的历史意义

习近平法治思想的提出首先有巨大的历史意义。我们需要在大历史观的视野下，从不同的历史层次来深刻洞察，才能更好理解提出它的背景与核心要义。

第一，习近平法治思想是我们党对于在社会主义条件下“为什么实行全面依法治国，怎样实行全面依法治国”这样一个根本问题回答的集大成之作。习近平总书记在中央全面依法治国委员会第一次会议上明确提出："我们党执政 60 多年来，虽历经坎坷但对法治矢志不渝"[①]。这个判断是高度符合历史的：可以说，在我们党的创建、新中国的成立和治理国家的历史过程中，探索法治建设的规律一刻也不曾停止，同时，它也是我们党重要的实践内容。1931 年，我们党还没有在全国范围内执政的时候就在江西瑞金颁布并实施了《中华苏维埃共和国宪法大纲》，规定了在苏区执政、建立红色政权的国体、政体以及民众所享有的广泛的政治权利和自由。新中国成立前，以中国共产党人为代表建立起来的民主统一战线通过召开中国人民政治协商会议的形式制定了具有临时宪法作用的《共同纲领》，宣告国家成立。新中国成立后，毛泽东亲自领导起草宪法。五四宪法是中国第一部社会主义类型的宪法。1978 年，党的十一届三中全会召开，提出了"有法可依、有法必依、执法必严、违法必究"的法制建设指导方针。此后，我们对五四宪法进行了全面修改，邓小平亲自指导，最终形成了八二宪法。进入 20 世纪 90 年代，我们对于法治建设规律的认识日渐深入、体系化。1997 年，江泽民在十五大报告中正式提出"依法治国，建设社会主义法治国家"，随后将其写入宪法的第五条。2007 年，胡锦涛在十七大报告中提出，依法治国是社会主义民主政治的基本要求，强调要全面落实依法治国基本方略。从历史上来看，党

① 习近平：《加强党对全面依法治国的领导》，《求是》2019 年第 4 期。

中央和中央最高领导人都是高度重视法治的。但是，提出体系化的全面依法治国新理念新思想新战略，并在总结理论与实践的基础上形成集大成的思考结晶，并提炼出中国法治建设最根本的规律，进而形成一个指导思想的，在历史上还是第一次。习近平法治思想是在我们党执政历史上第一次把有关法治建设规律的观点、命题、理论上升为具有标识性概念与体系性框架的指导思想，这标志着中国共产党人对于法治建设规律的认识达到了一个新的高度。

第二，习近平法治思想在世界社会主义事业的历史上第一次原创性地回答了社会主义政党长期执政条件下“为什么要依法执政，如何依法执政”这样一个重大问题，深刻回答了法治对于巩固党的领导地位、改善党的执政方式与增强党的执政能力的重大意义。中国共产党领导的革命与建设属于世界社会主义事业的一部分，是科学社会主义指导下的产物。在世界社会主义运动史上，很多社会主义政党并没有很好地回答一党执政条件下为什么要法治以及如何搞法治、搞什么样的法治这个问题。有的国家因为没有回答好这个问题，导致政党下台、国家解体、人亡政息；还有一些国家因为没有结合自己的国情、党情探索法治建设道路，导致社会主义事业受挫，最终离开了世界社会主义阵营。只有中国共产党不但坚定选择法治道路，而且探索出一条与我们国情、党情相适应、能够巩固党的执政地位，增强党的执政能力与水平的康庄大道。习近平法治思想就是对这样一段历史道路背后规律与原理的根本提炼、揭示，它成功回答和解决了在社会主义条件下如何进行法治建设的大问题，正确、深刻地处理了“党的领导与依法治国的关系”这个重大问题。习近平法治思想中关于“党的领导与依法治国的关系”阐述得非常多也非常深刻，它的核心观点在于反对将“党的领导”与“依法治国”割裂开来理解和比较，强调依法治国、依法执政是加强党的领导的必然组成部分，而党的领导又是全面依法治国的根本政治保证，是中国特色社会主义的本质特征。习近平总书记深刻指出：“推进党的领导制度化、法治化，既是加强党的领导的应有之义，也是法治建设的重要任务”“全面依法治国决不是要削弱党的领导，而是要加强和改善党的领导，不断提高党领导依法治国的能力和水平，巩固党的执政地位。”[①] 习近平法治思想准确回答了世界社会主义事业中的历史性课题，成功论证了“党的领导”与“依法治国、依法执政”的辩证统一关系。

第三，习近平法治思想是对党的十八大以来、进入新时代以后我们全面依法治国历史成就和经验的总结提炼与升华。党的十八大以来，我国社会主义法治建设发生了历史性变革、取得了历史性成就，做成了很多前人想做但没有做成的事情。比如，根据党和国家事业发展要求，完善立法体制，加强重点领域立法；全面加强宪法实施和监督，修改宪法，设立国家宪法日，建立宪法宣誓制度；推进法治政府建设，大幅减少行政审

① 习近平：《加强党对全面依法治国的领导》，《求是》2019 年第 4 期。

批事项，非行政许可审批彻底终结，建立政府权力清单、负面清单、责任清单，规范行政权力，推动严格规范公正文明执法；推进法治领域改革，废止劳教制度，推进司法责任制、员额制和以审判为中心的刑事诉讼制度改革，依法纠正一批重大冤假错案，司法质量、效率、公信力显著提高，人民群众在法治领域的获得感、幸福感和平安感明显提升；把全民普法和守法作为依法治国的基础性工作，实行国家机关“谁执法谁普法”普法责任制，将法治教育纳入国民教育体系；推进法治队伍建设，发展壮大法律服务队伍，加强法学教育和法治人才培养等。[①] 习近平法治思想就是对党的十八大以来我们全面依法治国历史成就的经验总结、规律提升和内容的升华。

（二）习近平法治思想的理论意义

习近平法治思想不但是来自实践、指引实践的行动指南，它本身也自成思想体系，具有极强的理论原创性和学理深刻性，它的提出具有重要的理论意义。

第一，习近平法治思想具有完整的思想构成性，是对法治观点、命题、理论层次的超越。能称为“思想”的事物必须有特定完整的构成要件，否则就只能停留在观点、命题、理论的层次。观点（view－point）是我们对个别事物的判断及理由，它是具体的、零碎的，也不一定是原创的。如果从一个具体观

① 参见习近平：《加强党对全面依法治国的领导》，《求是》2019 年第 4 期。

点里抽象出一般性的主张，具有一定的普遍性，就可能形成一个命题（thesis）。命题是观点的一般化，而若干命题合成为一个互相支持与证明的整体说明某一个事物，这就成为了理论（theory）。如果若干个理论彼此配合，逻辑一致、价值相连，能够形成一个更丰富、更综合的体系，并具有超越具体观点、命题、理论的原创性，这才能成为思想。习近平法治思想不是法治理论，更不是某一个方面的法治命题或观点，这就标志着它在学理上已经满足了构成思想的全部要件，具有了重大原创性。原来我们有很多关于法治建设的观点、命题和理论，但只有习近平法治思想把这些零敲碎打的观点、命题、理论整合成了一个完整的思想体系。习近平法治思想满足了作为“思想”的五个基本构成要件。

一是重大原创性。观点、命题不一定有原创性，可以借鉴前人的理由来表达我们对相似或相同事物的看法。而理论具有了一定原创性，但不是一种体系意义上的原创，可能只是停留在具体表达和论证或方法使用上的原创。习近平法治思想具有体系性的重大原创性，例如，它创造性地提出了本书的主题“中国特色社会主义法治体系”重大论断，这是对“法律体系理论”的重大发展，是从一种静态的作为文本的法律体系观升华到动态的作为实践的法治体系观，是对人类法律本体论的重大贡献；它提出的“党领导立法、保证执法、支持司法、带头守法”，就是有机贯通党的领导与党的国家治理领域、总体概括党在依法治国中总揽全局、协调各方的基本原理，能够促进党建与治国通过法律形成互相支持的强大制度合力。“党建促进国家治理、社会治理”，这就是重大原创，是对西方资本主义法治文明以条块分割、过分强调专业化，从而带来部门利益的理性官僚制理论的极大超越。

二是体系严密性。能够成为思想的理论一定在逻辑上具有体系性，它一定是由若干理论按照一定逻辑关系排列有序、整合形成的一个体系，不是“只见树木、不见森林”的断语。改革开放以来，我们形成了很多有关法治建设的观点和理论，但均未形成一个整体。习近平总书记有关全面依法治国的系列重要论述，涵盖立法、执法、司法、守法各领域、全过程，涉及法治与政治、法治与德治、法治与改革、依法治国与党的领导等重大关系，贯通了历史与现实，统筹了国内与国际，具有全面性、整体性，是一个逻辑严密、体系完备的整体。

三是问题深刻性。思想一定要以问题为导向，是对特定时代最根本问题的回答。习近平总书记多次强调“要坚持问题导向”①、明确提出“问题是时代的声音”② “时代是出卷人，我们是答卷人，人民是阅卷人”③。习近平法治思想就是针对新时代依法治国的根本问题进行的系统性回答。这个根本问题就是“为什么要依法治国？如何依法治国？”其基本逻辑是首先解决

① 《习近平关于全面依法治国论述摘编》，中央文献出版社 2015 年版，第 47 页。

② 《习近平关于协调推进“四个全面”战略布局论述摘编》，中央文献出版社 2015 年版，第 157 页。

③ 《习近平关于“不忘初心、牢记使命”论述摘编》，中央文献出版社 2019 年版，第 377 页。

为什么，然后解决怎么办。党的十八大以来，习近平法治思想的形成脉络就是沿着对这个问题的回答而逐步深入展开并最终体系化的。

四是指导有效性。思想既能指导理论，也能指导实践。很多时候，具体观点是没有指导性的，只是就事论事；很多理论也有局限性，只能回答一时一地的困惑。但是，思想是超越时空的，既可以总结过去，也可以应对当下，还可以引领未来，这就是思想必须具有的指导有效性。习近平法治思想既是对依法治国过去历史经验的总结，也包含对当下重大战略机遇期、进入新发展阶段后法治实践的根本指导，还为社会主义现代化强国的建成勾勒了法治中国的基本蓝图与路径，具有极强的指导有效性。

五是集成全面性。思想具有来源或根据的集成特性。观点是具体的，理论也有可能是单薄的，但能够形成思想的，它一定是若干理论的集成。习近平法治思想就是古今中西人类法治文明有益经验的集大成。习近平法治思想的很多具体观点就合理吸收了中国古人的治国思想，例如，习近平总书记特别强调依法治国与以德治国相结合。他提出“法安天下，德润人心”，强调要强化道德对法治的支撑作用、要运用法治手段解决道德领域突出问题①。此外，习近平法治思想还充分吸收了西方现代优秀的法治文明成果。

---

① 参见《坚持依法治国和以德治国相结合　推进国家治理体系和治理能力现代化》，《人民日报》2016年12月11日。

第二，习近平法治思想是对马克思主义法律基本原理的继承和发展、创新、升华。习近平法治思想与马克思主义关于法律的一般原理保持着高度一致，体现出对马克思主义基本原理的继承。习近平法治思想也是对马克思主义国家和法律学说的重大创新和发展。马克思主义法律观主要形成于 19 世纪中叶，主张无产阶级要通过暴力革命取得政权，法律的属性主要是阶级镇压的工具，具有很强的阶级性。习近平法治思想继承了法的阶级性，但在“坚持以人民为中心”的核心要义里，详细阐述了社会主义法律的人民性，强调了在当代社会法治固根本、稳预期、利长远的重大作用。“坚持以人民为中心”本质上是强调要“坚持以不断满足人民的美好需要”为中心，这构成了全面依法治国的价值方向。全面依法治国要为了人民、依靠人民、造福人民、服务人民，把不断增强人民群众的获得感、幸福感、安全感作为全面依法治国工作成效的根本判断标准。因此，习近平法治思想与马克思主义法律原理既一脉相承，又在深刻洞察中国国情的条件下继往开来，成为当代中国的马克思主义。同时，它也是对马克思主义法律原理的继承、发展和升华。

第三，习近平法治思想原创性地贡献了有益于人类文明的成果。现代的法治文明基本来自于西方的罗马法传统。从清末修律开始，我们的法治建设与法学教育研究，在概念、术语、原则、原理、思维等方面都有比较强的西方依赖，但它们未必都能有效解决中国问题。习近平法治思想坚持中国特色社会主义法治道路，强调法治理论和法律制度要统一在中国特色社会主义条件下，为 21 世纪人类社会法治文明贡献了大量原创性的观点，刷新了很多来自西方的法治理念。例如，习近平法治思想中的“坚持依宪治国、依宪执政”思想，充分论证了一系列社会主义宪法与国家法的原则，包括人民民主专政国体、人民代表大会制度政体和组构国家机构的民主集中制原则等，在治国理政上，我国的这些制度和原则相比较西方资本主义经典的代议政治、选举民主、分权原理等具有更好的治理效能。①

（三）习近平法治思想的实践意义

习近平法治思想具有贯通指导依法治国全过程和各方面的重要实践意义，是全面推进依法治国的总遵循和根本指南。这个思想体系是对实践中重大问题的回答，也有一个随着实践需要和变化而发展的清晰脉络。我们可以从党的十八大以来，在面对实践问题和需要时，习近平总书记有关依法治国的重要论述里梳理出习近平法治思想的演变脉络和实践逻辑。

2015 年第 1 期《求是》杂志刊发了习近平总书记的署名文章《加快建设社会主义法治国家》。文章主要站在“四个全面战略布局”的高度，强调法治对全面建成小康社会、全面深化改革、全面从严治党具有基本保障作用，并提出全面依法治国最根本的政治方向就是坚持中国特色社会主义道路。② 在这篇文章

① 参见习近平：《在庆祝全国人民代表大会成立 60 周年大会上的讲话》，《人民日报》2014 年 9 月 6 日；参见王旭：《作为国家机构原则的民主集中制》，《中国社会科学》2019 年第 8 期。

② 参见习近平：《加快建设社会主义法治国家》，《求是》2015 年第 1 期。

里面，习近平总书记第一次系统论证了为什么要全面依法治国以及它的基本政治方向，这是回答依法治国实践的根本前提问题。只有依法治国的正当性和方向得以明确，具体实践才有根本遵循。此后，2018 年 8 月 24 日，在中央全面依法治国委员会第一次会议上，习近平总书记从“为什么要依法治国”进一步延伸到“如何依法治国”这个实践中迫切需要回答的问题，提出了以“十个坚持”为代表的新理念新思维新战略。[①] 2019 年 2 月 25 日，在中央全面依法治国委员会第二次会议上，习近平总书记详细论述了全面依法治国的重点领域、主要工作和基本抓手。新冠肺炎疫情发生后，在全面抗疫的过程中，习近平总书记指出，全面提高依法防控依法治理能力，越是抗疫防疫吃紧的时候，越要强调法治的轨道和底线，[②] 从而进一步回答如何在非常状态或应对突发事件情况下坚持法治的问题。从习近平法治思想的形成脉络看，其始终围绕着为什么、基本框架是什么、重点任务在哪里以及如何应对非常状态四个重大实践问题层层递进，最终形成了一个完整的体系。这个体系具有重大的实践意义：

第一，习近平法治思想系统总结了我们党在治国理政尤其是改革开放以来法治建设正反两方面的经验和成就，具有巨大的实践总结意义。这么多年的法治建设，我们有经验、有挫折，也有成就和智慧，需要有体系性的思想来梳理、来总结、来提

① 参见习近平：《加强党对全面依法治国的领导》，《求是》2019 年第 4 期。

② 参见习近平：《全面提高依法防控依法治理能力　健全国家公共卫生应急管理体系》，《求是》2020 年第 5 期。

升形成理论，从而更好指导实践的发展。比如，习近平法治思想强调坚持法治国家、法治政府、法治社会一体建设，依法治国、依法执政、依法行政共同推进，就是对过去我们法治建设缺乏系统思维、单边推进的重大纠偏。一些传统观点认为，法治国家建设主要是法治政府建设，以为只要政府守法，国家的法治状态就实现了。然而，习近平总书记指出，法治国家、法治政府、法治社会三者各有侧重、相辅相成。[①] 法治国家是法治建设的目标，法治政府是建设法治国家的主体，法治社会是构筑法治国家的基础。[②] 依法执政和依法行政要共同推进。改革开放 40 多年了，我们需要检讨法治社会建设的水平：人民群众在权利意识增长的同时是否也有较强的规则意识？法治是规则之治。规则不是只规定权利，同时还规定了义务和责任。没有规则意识就会信访不信法，就不会遇事找法，也不会养成要求政府依法办事的习惯，从而可能反过来制约法治政府建设。因此，习近平法治思想实际上是对我们改革开放以来法治建设经验与成就的系统总结与回答。

第二，习近平法治思想是在“两个一百年”的历史交汇期与重大战略机遇期，面对空前复杂的国际形势与当前的新发展理念、新发展格局和新发展阶段我们做好现阶段法治工作的根本遵循。我们正进入到一个以高质量发展为目标的新发展阶段，

---

① 习近平：《加快建设社会主义法治国家》，《求是》2015 年第 1 期。

② 参见习近平：《坚定不移走中国特色社会主义法治道路　为全面建设社会主义现代化国家提供有力法治保障》，《求是》2021 年第 5 期。

同时要贯彻五大新发展理念，要构建以国内大循环为主体、国内国际双循环相互促进的新格局。在这样一既有机遇又有重大风险，同时又面临着复杂国际形势的情况下，如果我们的法治建设没有一套能够适应新形势的思想武器，没有对当下法治建设重大问题与重点领域的思考总结，就无法为全面深化改革、全面从严治党、全面建设社会主义现代化国家发挥法治固根本、稳预期、利长远的保障作用。例如，我们要贯彻新发展理念中的创新理念，就必须激发市场和社会主体的创新能力。这种能力必须建立在法律提供的稳定产权保护基础上，建立在法律维护的稳定交易秩序和预期基础上。这就需要新的法治思想来解决传统产权保护与市场秩序维护中存在的各种问题。

第三，习近平法治思想是我们在实现中华民族伟大复兴远景目标征途上拥有强大法治保障的思想来源。这也是习近平法治思想能够面向未来的重要实践意义。习近平总书记在阐述全面依法治国的重要意义时明确指出，“要推动我国经济社会持续健康发展，不断开拓中国特色社会主义事业更加广阔的发展前景，就必须全面推进社会主义法治国家建设，从法治上为解决这些问题提供制度化方案”①，这说明，全面推进依法治国不是权宜之计，其不仅仅服务于当下“四个全面”的战略布局，而且是要解决“两个一百年”目标实现之后我们如何在一党长期执政的条件下治国理政的问题。对于怎么不断增强我们党的执

① 习近平：《关于〈中共中央关于全面推进依法治国若干重大问题的决定〉的说明》，《人民日报》2014 年 10 月 29 日。

政能力，如何提高执政水平、巩固执政地位，怎么让法治成为社会主义现代化强国的基本内在要素，我们都需要一个能够指引未来的、管总的体系性思想来明确方向。习近平法治思想就是可以为中华民族长期稳定、繁荣奠定制度基础的强大思想资源。

三、习近平法治思想的科学方法与核心要义

习近平法治思想既是对社会主义条件下为什么实行全面依法治国、怎样实行全面依法治国这一个根本问题的回答，也是对马克思主义法治理论的重大发展和对人类法治文明认识深度的根本拓展，在思维方法与具体观点上具有重大原创性。

习近平法治思想的原创性首先体现在对科学思维方法的深刻运用上。可以说，习近平法治思想在观点上之所以有重大原创性，首先就在于习近平总书记将治国理政的科学方法运用到了对法治问题的分析和回答上，极大拓展了我们对全面依法治国的认识和把握。我们需要从习近平新时代中国特色社会主义思想的方法论出发，深刻领会习近平法治思想的重大原创性，从而加深我们对习近平法治思想的理解与学习。从构成习近平法治思想核心要义的“十一个坚持”来看，其在形成一个逻辑严密、体系完整的思想背后，是底线思维、战略思维、系统思维、精准思维的方法支撑，归根结底是马克思主义辩证思维智慧的闪耀。

习近平法治思想的核心要义在逻辑上可以归纳为“根本政治方向”（第一个“坚持”到第三个“坚持”）、“基本总体目标”（第四个“坚持”到第九个“坚持”）和“重要保障力量”（第十、第十一个“坚持”）三个层次。

首先，全面推进依法治国必须坚持正确的政治方向，研究和解决法治问题绝不是无原则、无方向地随意发挥，这在根本上体现为习近平总书记多次强调的“底线思维”。方向是底线，也是高压线，更是红线，是在全面推进依法治国过程中绝对不能退、绝对不能让、绝对不能突破的红线。底线思维主要体现在“坚持党对全面依法治国的领导”“坚持以人民为中心”“坚持中国特色社会主义法治道路”这三个命题之中，它们分别体现了全面依法治国的政治底线、价值底线和道路底线。中国共产党领导是中国特色社会主义最本质的特征，是中国特色社会主义制度的最大优势，是党和国家的根本所在、命脉所在，是全国各族人民的利益所系、命运所系。坚持党对全面依法治国的领导是根本政治底线，在这个问题上就必须坚决反对“党大还是法大”的伪命题。中国共产党领导是中国特色社会主义最本质的特征，也是中国特色社会主义法治建设最根本的保障，而法治建设是加强党的领导之题中应有之义，也是巩固党的执政地位、完善党的执政方式、增强党的执政能力的重要要求。江山就是人民、人民就是江山，打江山、守江山，守的是人民的心。中国共产党根基在人民、血脉在人民、力量在人民。坚持以人民为中心同样体现了底线思维：任何法治改革的举措或手段都是以不断满足人民群众对美好生活的需要，使人民的获得感、幸福感、安全感更加充实、更有保障为出发点和归宿，任何法治改革的成效也归根结底只能由人民来评价与认可。因此，坚持以人民为中心是推进全面依法治国的价值底线。走自己的路，是党的全部理论和实践立足点，更是党百年奋斗得出的历史结论。中国特色社会主义是党和人民历经千辛万苦、付出巨大代价取得的根本成就，是实现中华民族伟大复兴的正确道路。坚持中国特色社会主义法治道路，就是要坚持党的领导、坚持中国特色社会主义制度、贯彻中国特色社会主义法治理论。全面推进依法治国必须坚持这个道路底线，法律制度和法治理论必须体现中国特色社会主义的本质特征。

其次，习近平法治思想的战略思维深刻体现在第四个“坚持”和第五个“坚持”中。将法治作为治国理政的基本方式，进而强调和突出依法治国首先是依宪治国、依法执政关键是依宪执政，并在法治轨道上推进国家治理体系和治理能力现代化，这是一种重大的战略判断，体现着“对国之大者要心中有数”的战略思维。战略思维既是一种全局思维，又是一种抓根本、“四两拨千斤”的智慧。法治建设千头万绪，抓住依宪治国、依宪执政就是抓住了根本，抓住了“国之大者”。宪法是社会主义法治体系的根基，把这个根基打牢了，社会主义法治“参天大树”就能在根基之上茁壮成长。只有首先尊重宪法，才能尊重其他的法律法规；只有崇尚宪法权威，整个法治体系才能树立权威。习近平法治思想从宪法的方向、地位、性质、功能、监督实施和有效保障等方面全面论证了依宪治国和依宪执政的重大价值与具体遵循，高瞻远瞩地抓住了主要矛盾的主要方面。同样，坚持在法治的轨道上推进国家治理现代化也体现了典型的战略思维。国家治理现代化需要我们首先把法治这个根基打牢。只有依靠法治，国家治理体系的协同性、整体性、科学性才能有规范依据，治理能力的提升才会有规则遵循。

再次，习近平法治思想的系统思维深刻体现在第六个“坚持”到第九个“坚持”之中。全面依法治国是一个系统工程，内在要素互相支撑、互相影响，所以我们不能割裂这个有机整体。推进全面依法治国不能“头痛医头脚痛医脚”“只见树木不见森林”，而是应该运用系统思维解决我们长期在法治建设中存在的问题。中国特色社会主义法治体系包括完备的立法体系、高效的法治实施体系、严密的法治监督体系、有力的法治保障体系和基本完善的党内法规体系。过去一段时间，我们在不断完善中国特色社会主义法律体系的过程中十分强调立法的功能与作用。天下事，不难于立法，而难于法之必行，这就意味着如果离开了实施、监督与保障，那么立法就可能只具有象征意义。中国特色社会主义进入新时代，依法治国与依规治党的联系越来越紧密，从体制机制的调整到大量党纪与国法的衔接转化和协同，我们正在不断完善党纪与国法的系统建设，这也为法治进步提供了充足的支撑与动力。此外，系统思维进一步在领域（法治国家、法治政府、法治社会）共同建设、环节（立法、执法、司法、守法）共同覆盖、层次（国内法治与涉外法治）共同统筹三个部分具体展开，构成了第七到第九个“坚持”的核心要义。比如，传统观点将法治政府建设简单等同于依法行政，认为法治政府建设能够单边推进。但习近平总书记指出，“法治社会是构筑法治国家的基础”。[①] 这就意味着，只有培育规则意识，才能加快推进法治政府建设；只有培育规则意识，公民才会信法守法，遇事找法，这将有利于政府在法治轨道和框架内解决问题，并由此减少政府依法行政的成本。

最后，习近平法治思想的精准思维体现在第十个“坚持”和第十一个“坚持”之中。社会主义现代化归根结底是人的现代化，因此，实现法治现代化，干部队伍建设问题是关键。因此要坚持建设德才兼备的高素质法治工作队伍，坚持抓住领导干部这个“关键少数”。“徒法不足以自行”“奉法者强则国强”，抓住干部队伍，尤其是抓住掌握决策权或占据关键岗位、重要岗位的领导干部这个“关键少数”，是习近平总书记精准把脉、精准施策的精准思维的典型体现。全面推进依法治国不能平均用力，必须精准提升保障能力。我们亟须把症结点找到，把风险点分析和控制住，不断提高领导干部运用法治思维和法治方式的能力，让领导干部在带头守法和用法上率先垂范，切实把习近平法治思想贯彻落实到法治建设的各个方面，为推进全面依法治国贡献力量。

习近平法治思想中蕴含着底线思维、战略思维、系统思维、

---

① 习近平：《坚定不移走中国特色社会主义法治道路　为全面建设社会主义现代化国家提供有力法治保障》，《求是》2021 年第 5 期。

精准思维，这四个科学思维方法是马克思主义辩证思维的体现，构成了我们理解习近平法治思想具体观点的根本思维遵循和方法论。从这个意义上说，习近平法治思想是马克思主义基本原理在当代中国法治建设领域中的重大理论创新成果，是马克思主义法学原理在当代的巨大飞跃。

四、习近平法治思想是中国式现代化法治道路的行动指南①

“坚持中国道路”是中国共产党百年奋斗的重要历史经验。二十大报告明确提出“在法治轨道上全面建设社会主义现代化国家”的重大命运。《中共中央关于党的百年奋斗重大成就和历史经验的决议》（以下简称《决议》）明确提出，方向决定道路，道路决定命运。在习近平法治思想的主要内容和核心要义中，道路问题同样至关重要。中国特色社会主义法治道路是社会主义法治建设的唯一正确道路，“坚持中国特色社会主义法治道路”体现了习近平法治思想的底线思维。中国特色社会主义法治道路，本质上是中国特色社会主义道路在法治领域的具体体现。

在习近平法治思想指引下，坚持中国特色社会主义法治道路，需要胸怀“以中国式现代化推进中华民族伟大复兴”的“国之大者”，在中国共产党百年探索社会主义现代化与中华民

① 参见王旭：《坚持中国特色社会主义法治道路　形成治国理政强大合力》，《检察日报》2021年12月4日。

族伟大复兴的目标总基调中来理解其历史必然性，在习近平新时代中国特色社会主义思想的理论总蓝图里来确认其内容科学性，在中国特色社会主义道路的实践总方针内来贯通其体系完整性。中国特色社会主义法治道路既是中国式现代化的题中应有之义，也是实现中国式现代化的重要制度依托。

中国特色社会主义法治道路确保了中国式现代化的制度本质。中国特色社会主义最本质的特征是中国共产党领导，中国特色社会主义制度的最大优势是中国共产党领导，中国共产党是最高政治领导力量。因而，中国共产党的领导也必然是中国特色社会主义法治道路的根本体现。中国共产党以高度的历史自觉和担当，为中国的法治建设积累经验、绘制蓝图、设置议题、安排布局、克服困难、抵御风险。中国共产党的领导既是中国特色社会主义法治道路的本质，也是这条道路能够行稳致远的根本保障。中国式现代化的制度方向就体现在党的坚强领导下，贯通于历史与现实、融合理论与实践、连缀中国与世界的总体性制度安排之中。

中国特色社会主义法治道路完善了中国式现代化的制度体系。习近平总书记指出，摆在我们面前的一项重大历史任务，就是推动中国特色社会主义制度更加成熟更加定型，为党和国家事业发展、为人民幸福安康、为社会和谐稳定、为国家长治久安提供一整套更完备、更稳定、更管用的制度体系。[①] 坚持中

① 参见《完善和发展中国特色社会主义制度　推进国家治理体系和治理能力现代化》，《人民日报》2014 年 2 月 18 日。

国特色社会主义法治道路，尤其是注重建设更加完备的社会主义法治体系，能够为中国式现代化的根本制度、基本制度、重要制度提供有力集成和有效保障，通过法治体系的完备运转，实现制度的分层有序、有效协同，产生现代化国家治国理政的强大合力。

中国特色社会主义法治道路提升了中国式现代化的制度能力。习近平总书记指出，“坚持全面依法治国，夯实中国之治的制度根基”[①]。在“四个全面”战略布局中，全面依法治国具有基础性、保障性作用。坚持中国特色社会主义法治道路，尤其是发挥中国特色社会主义法治理论的理论创新效能，是提升制度的适应性、有效性和创造性的重要努力。中国特色社会主义法治理论是对社会主义法治建设规律的总结，对社会主义法治经验的萃取，中国式现代化的制度能力必须依托富有解释力和创造力的理论才能得到有效提升，才能在科学理论指导下更好直面中国的国情和实际，运用法治的中国话语、中国概念、中国方案来解释实践、解决问题。

中国特色社会主义法治道路以坚持党的领导为根本，这条道路既为实现中国式现代化提供了重要制度依托，它本身也必须始终在习近平法治思想指导下，更好促进内部要素的协同、共进，才能行稳致远，产生强大道路优势，不断增强制度自信。

---

① 习近平：《推进全面依法治国，发挥法治在国家治理体系和治理能力现代化中的积极作用》，《求是》2020 年第 22 期。

坚持中国特色社会主义法治道路必须始终坚持党的领导，巩固党的执政地位，改善党的执政方式，提升党的执政能力。社会主义法治离不开党的领导，这是历史、经验和现实反复证明、必将继续证明的真理，党的领导也离不开社会主义法治。坚持中国特色社会主义法治道路要始终坚持探索更加丰富的党领导全面依法治国的方式，更加成熟的党领导全面依法治国的制度，更加全面的党领导全面依法治国的内容，确保中国特色社会主义法治道路始终沿着党的意志确定的方向展开，并在这个过程中通过发挥法治固根本、稳预期、利长远的作用，提升党依法治国、依法执政的能力。尤其是在坚持自我革命，以伟大自我革命引领伟大社会革命的征程上，我们如何运用法治思维和法治方式推进党的自我革命，用法律制度巩固党的自我革命的成果，推动党的自我革命的发展，值得深入思考。

坚持中国特色社会主义法治道路必须坚持理论上的守正创新。《决定》指出，习近平新时代中国特色社会主义思想是当代中国马克思主义、二十一世纪马克思主义，是中华文化和中国精神的时代精华，实现了马克思主义中国化新的飞跃。这是中国特色社会主义法治理论的力量根基和智慧源泉，尤其是习近平法治思想，是我们丰富、发展、具体化中国特色社会主义法治理论、观点、命题的根本遵循和精华要义。同时，中国特色社会主义法治理论也并非一成不变，守正基础上的创新是重要时代使命。中国特色社会主义法治理论有与传统历史法治文化相似的一些观点和判断，例如“德主刑辅”“礼法兼备”，但在

“以人民为中心”和依法保障公民合法权益的现代法治价值立场等方面又有很大不同。马克思主义经典作家对于国家与法的性质、功能的思考，对于法律体系建设的设想，也需要在国家治理现代化的思考脉络里有更多契合今天时代需要的发展。自清末修律以来，中国法治一定程度上受到以罗马法为源头的欧洲法律文明较大影响，但建立在工业文明和资本主义基础上的现代欧洲法治并不能完全说明和解释中国的实践与现象。例如，习近平法治思想的核心要义包括“坚持法治国家、法治政府、法治社会一体建设”，就提出了国家、政府、社会新的秩序构图，超越了西方近代以来国家与社会的简单二元对立。这说明，没有守正基础上的理论创新，中国特色社会主义法治道路就无法因应今天的时空对于我们的要求。

坚持中国特色社会主义法治道路必须坚持制度上的行稳致远。习近平总书记指出，我们要建设的中国特色社会主义法治体系，本质上是中国特色社会主义制度的法律表现形式。中国特色社会主义制度必须通过法治体系获得保障与依托，实现治理体系和治理能力更加成熟定型。因此，中国特色社会主义法治体系必须不断完善，不断安排好根本制度、基本制度、重要制度的分层有序，在同一层次制度之间，要通过立法更好实现体系性、规范性、协同性和科学性，消除制度性冲突，防止制度性消耗。通过法治实施和法治监督，不断维护制度权威，落实制度效力，弥补制度漏洞。通过法治保障体系为制度有效运转提供基本框架。同时，通过统筹依法治国与依规治党，实现国家法律与党内法规在制度层面的有序分工、有序衔接与有序贯通。同时，要看到实践不断对制度发展提出新的课题这一需求，对于国家治理急需和满足人民美好生活的领域，要加大制度创新，对于重点领域、新兴领域、涉外领域和预防性法律制度建设领域，还要强基固本，实现制度的有效集成。

二十大报告擘画了当前中国共产党的中心任务，强调以中国式现代化全面推进中华民族伟大复兴的宏伟蓝图。报告指出，中国式现代化是人口规模巨大的现代化，是全体人民共同富裕的现代化，是物质文明和精神文明相协调的现代化，是人与自然和谐共生的现代化，是走和平发展道路的现代化。从对中国式现代化的鲜明特征的深刻阐述里，我们能够发现法治的作用必将更加重要、更加事关全局，也更需要在上述特征领域里更好发挥法治固根本、稳预期、利长远的保障作用，不断通过良法善治来积极保障中国式现代化能够在基于自身特征所厘定的道路上行稳致远。

第二章 习近平法治思想阐明的依法治国中的重大辩证关系

习近平法治思想是一个博大精深的科学体系，是党的十八大以来全面推进依法治国实践在理论上的集大成者。从“法治中国”命题的提出到“全面推进依法治国”，从“协调推进四个全面战略布局”到“加快建设社会主义法治国家”，在习近平法治思想指导下，我们对于深入认识“什么是中国特色社会主义法治”“如何建设中国特色社会主义法治”“为什么要全面实施依法治国、如何全面实施依法治国”都达到了一个新的高度。党的十九大将“坚持全面依法治国”作为新时代建设中国特色社会主义的基本方略之一，在推进依法治国整体蓝图的指导思想、总体目标、基本原则和具体路线等方面也都作出了更深入的判断。党的十九届五中全会规划了“法治国家、法治政府、法治社会基本建成”的远景目标并提出了具体要求，这些都要求我们必须学通、吃透习近平法治思想，尤其是要掌握习近平法治思想背后的马克思主义辩证法，正确处理全面依法治国中基本的重大关系，只有让依法治国吃透、立足于中国特色社会主义，才能行稳致远。[①]

一、正确处理法治道路、理论与制度的关系

从人类文明的历史成就来看，不同国家乃至在同一国家的不同阶段，法治都没有完全一样的发展模式，都只具有某种“家族相似性”。但毫无疑问，成功的法治国家建设无不是在适合自身发展阶段的道路上前进，合理设定相关的道路目标。因此，对于当代中国来说，法治道路问题是一个全局问题、前提问题和方向问题，也是习近平法治思想的根本逻辑起点。为此，他深刻谈道：“全面推进依法治国，必须走对路。如果路走错了，南辕北辙了，那再提什么要求和举措也都没有意义了。全会决定有一条贯穿全篇的红线，这就是坚持和拓展中国特色社会主义法治道路。中国特色社会主义法治道路是一个管总的东西。具体讲我国法治建设的成就，大大小小可以列举出十几条、几十条，但归结起来就是开辟了中国特色社会主义法治道路这一条。”[②]

“开辟了中国特色社会主义道路”，这既是我们的历史成就，也是我们必须始终坚持的方向。法治的理念既是普遍的，也是

① 参见《正确处理全面推进依法治国中的几个基本关系》，《中国高校社会科学》2018 年第 2 期。

② 习近平：《加快建设社会主义法治国家》，《求是》2015 年第 1 期。

经验的，既具有一种世界范围的自身演化性，也必然要在具体的环境中获得表达。可以说，中国的法治建设如果不能够沿着符合自身发展阶段与民族特质的道路前进，就必然会破坏法治所追求的预期、共识，干扰、模糊社会的发展方向。

法治道路必须要有科学理论的支撑。法治既然是一套观念体系，就必须建立在一定的正当性标准之上。只有一套探讨"为什么"的理论才能为道路提供重要的价值源泉。中国特色社会主义法治理论必须回答法治道路的目标和方向，必须论证法治道理的正当性与基本动力。然而，理论是为道路服务的，是要在道路明确的基础上阐发的，更必须在深刻理解道路上真实情况和环境的前提下才能有真正的解释力、竞争力。因此，道路是理论的前提，理论必须能够解释道路。对此，习近平总书记指出："要总结和运用党领导人民实行法治的成功经验，围绕社会主义法治建设重大理论和实践问题，不断丰富和发展符合中国实际、具有中国特色、体现社会发展规律的社会主义法治理论，为依法治国提供理论指导和学理支撑。"① 当前，中国法律理论界思想非常活跃，但很多理论都犯有各种各样的"化约论"的错误，总是将法治道路及背后的原理化为一种或几种模型，导致"比较"容易变成"比附"，甚至成为牵强附会，"错把他乡做故乡"。这些知识与信念存在着被西方偶然的法治成就所宰制的自我殖民，但对于中国社会本身形成的一套

① 习近平：《加快建设社会主义法治国家》，《求是》2015年第1期。

有关法治的“社会想象”以及真实的时代课题缺乏有效的诊断。

法治理论也必须有正确制度的保障。道路是目标和方向，但它需要有具体的制度设计来确保和落实，各种原理也只有获得制度有效性才能真正转化为实践的力量。但制度的有效性与正确性必须建立在适应道路的前提下，必须真正建立起问题导向的制度设计思路，既要能够“接洋气”，更要善于“接地气”，既要追求国际标准，也要充分满足制度的绩效合法性、追求制度的伦理正当性，必须在始终坚定道路自信的前提下，面对暂时、局部和发展中的问题，不放弃对中国特色社会主义法治道路、方向的长期坚守；要有为了通向远方的目标而不回避问题和敢于啃硬骨头的道德勇气与担当。对此，习近平总书记也提醒我们：一方面要坚持从国情出发、从实际出发，既要把握长期形成的历史传承，又要把握走过的发展道路、积累的政治经验、形成的政治原则，还要把握现实要求、着眼解决现实问题，不能割断历史，不能想象突然就搬来一座政治制度上的“飞来峰”；[①] 另一方面，也要建立制度的正义底线，“要把解决了多少实际问题、人民群众对问题解决的满意度作为评价改革成效的标准。只要有利于提高党的执政能力、巩固党的执政地位，有利于维护宪法和法律的权威，有利于维护人民权益、维护公平正义、维护国家安全稳定，不管遇到什么阻力和干扰，都要坚

① 参见习近平：《加快建设社会主义法治国家》，《求是》2015 年第 1 期。

定不移向前推进，决不能避重就轻、拣易怕难、互相推诿、久拖不决”。[①]

总之，法治道路是根本前提，法治理论是基本支撑，法治制度则是关键保障，三者共同统一于“中国特色社会主义”的统帅与灵魂之中，这就是习近平法治思想的理论中最重要的逻辑框架和价值取向。

二、正确处理党的领导与社会主义法治的关系

中国共产党领导是中国特色社会主义最本质的特征。“坚持党的领导，是社会主义法治的根本要求，是党和国家的根本所在、命脉所在，是全国各族人民的利益所系、幸福所系，是全面推进依法治国的题中应有之义；党的领导和社会主义法治是一致的，社会主义法治必须坚持党的领导，党的领导必须依靠社会主义法治。”[②]

在这里，习近平总书记实际上提出了党的领导与社会主义法治的关系。这个问题的本质也就是政治与法治的关系问题。一国的法治文明总是必然反映一定的政治意志，受到特定政治集团与政治意识形态的影响，这也是一个人类社会的普遍现象。在实现中华民族伟大复兴的历史进程中，我们最大的政治就是

① 习近平：《加快建设社会主义法治国家》，《求是》2015 年第 1 期。
② 习近平：《关于〈中共中央关于全面推进依法治国若干重大问题的决定〉的说明》，《人民日报》2014 年 10 月 29 日。

必须承认、坚持和捍卫中国共产党的领导，必须坚定“四个自信”、做到“两个维护”、保证“两个确立”。“党领导人民依法治国”是中国法治的根本政治条件，它解决了法治的领导主体和根本动力问题。事实上，中国共产党带领全国各族人民既选择和确认了法治道路，也在不断克服法治建设中出现的各种问题，提出法治发展的模式，并形成具体的行动指南与制度纲领。中国共产党的领导是中国特色社会主义的本质特征，党的领导是最高政治原则。

此外，党的领导也离不开社会主义法治。用法律的准绳去衡量、规范、引导社会生活，这就是法治。也就是说，中国共产党既领导社会主义法治建设，党也自觉在宪法范围内活动，对尊重宪法法律起到模范带头作用。领导立法、保证执法、支持司法、带头守法。就深刻体现了这个辩证统一关系。因此，社会主义法治绝不能削弱党的领导，党的领导也要更有效地促进法治规范功能的发挥。对此，习近平总书记深刻指出：“法是党的主张和人民意愿的统一体现，党领导人民制定宪法法律，党领导人民实施宪法法律，党自身必须在宪法法律范围内活动，这就是党的领导力量的体现。”[①] 从一种更为务实的立场出发，习近平总书记更进一步指出：“坚持党的领导，不是一句空的口号，必须具体体现在党领导立法、保证执法、支持司法、带头守法上。一方面，要坚持党总揽全

① 习近平：《加快建设社会主义法治国家》，《求是》2015 年第 1 期。

局、协调各方的领导核心作用，统筹依法治国各领域工作，确保党的主张贯彻到依法治国全过程和各方面。另一方面，要改善党对依法治国的领导，不断提高党领导依法治国的能力和水平。”①

由此，我们只有在坚持党的领导的前提下，才能更好发挥法治的规范功能，让这种功能具有坚实的政治基础，获得可靠的政治保证；也只有全面推进依法治国，才能进一步巩固党的执政地位，改善党的执政方式，增强党的执政能力。任何割裂二者、人为制造话语淆乱和对立，鼓吹“党大还是法大”争论的，都是在提出伪命题和制造政治陷阱。

三、正确处理法治的中国性与世界性的关系

依法治国与中国特色社会主义的关系还有赖于我们对什么是中国特色尤其是它与世界性关系的理解。从根本上说，法治的国家性体现的是一个民族国家在精神上的自我意识和主体意识，这种意识其实也是全球化得以开展的前提。没有特定的国家意识，也就不能直观地看到自我作为一种独立的政治存在，从而也就取消了国际交往和对外开放的必要。须知“你中有我，我中有你”的前提必然是“你我的区分”。因此，这意味着我们必须在笼罩着自由主义叙事的世界法治模式里找到中国

① 习近平：《加快建设社会主义法治国家》，《求是》2015年第1期。

自己的法治自我意识，并由此设计出我们对于问题的解决和回答方案。

在这个问题上，习近平总书记同样旗帜鲜明地指出："走什么样的法治道路、建设什么样的法治体系，是由一个国家的基本国情决定的。"[①] 这也指出了对国情的深刻理解和表达是我们寻找法治的中国性的前提。因此，就必然要求我们深入到中国社会的实践逻辑之中，用一种长效的眼光去分析影响中国社会的各种变量，中立地准确描述中国改革发展稳定的各种结构性现象，然后为这些变量建立起基本的法律约束条件和框架，并设计一种能够通过法律程序实现各种变量理性交涉的管道，最终建立起一种均衡的关系。

当然，自我意识的塑造不可能离开环境的影响。因此，法治的中国性也是在观察世界法治模式、理性权衡相关制度的基础上形成的，这意味着需要我们在真正弄清楚世界其他国家法治提出的背景、制度针对的具体问题以及制度有效性的社会基础上来合理吸收。习近平总书记指出："坚持从我国实际出发，不等于关起门来搞法治。法治是人类文明的重要成果之一，法治的精髓和要旨对于各国国家治理和社会治理具有普遍意义，我们要学习借鉴世界上优秀的法治文明成果。但是，学习借鉴不等于是简单的拿来主义，必须坚持以我为主、为我所用，认真鉴别、合理吸收，不能搞'全盘西化'，不能搞'全面移植'，

① 习近平：《加快建设社会主义法治国家》，《求是》2015 年第 1 期。

不能照搬照抄。”①

在当下，既要防止一种狭隘认识，认为法治问题只能寻求彻底的本土思考；又必须坚持建立我们法治自身的规范性，必须提炼出我们自己对于法治正当性理解的根本标准，并实现对中华优秀文化的创造性转化与创新性发展与创造性转化。要防止那种抽刀断水、一厢情愿的“断崖式”思考。同时，要将世界经验妥善安置、转化和诠释到对我们自身问题的回答之中。

四、正确处理法治发展长远性与阶段性的关系

中国选择法治道路既不是出于某种压力，也不是一种权宜之计，而是有着通盘考虑的长远战略设计。但是，在这个过程中必须正确处理长远性和阶段性的关系，也就是说在设计法治方案和发展步骤的时候，既不能仅仅着眼于当下阶段性的问题之解决，也不能完全忽视当下社会发展中的深层次矛盾对法治的渴求。因此，具体的制度设计应该具有层次性和侧重性，以确保在解决阶段性问题的基础上能循序渐进地将法治塑造为一种国人内心的心灵秩序，实现国家最终的长治久安。在这个维度上，习近平总书记也做出了成熟的思考，他明确指出，全面推进依法治国，是着眼于实现中华民族伟大复兴中国梦、实现

① 习近平：《加快建设社会主义法治国家》，《求是》2015 年第 1 期。

党和国家长治久安的长远考虑。对全面推进依法治国作出部署，既是立足于解决我国改革发展稳定中的矛盾和问题的现实考虑，也是着眼于长远的战略谋划。①

对于中国法治未来发展的长远目标来说，他强调，全面建成小康社会之后路该怎么走？如何跳出“历史周期率”、实现长期执政？如何实现党和国家长治久安？这些都是需要我们深入思考的重大问题。② 可见，全面依法治国并非仅仅是就当下中国社会发展作出的政治决断，它实际上是立足于在共产主义实践历史上探索出一条真正将社会主义与法治充分有效结合的模式。这种探索既是对中国的贡献，也是对国际共产主义事业的贡献，更是对人类政治发展的贡献。从根本上说，法治要解决的就是主权结构与治权结构双重合法性的问题。从主权结构上说，它要避免“历史周期率”，始终确保党、人民和国家意志的高度统一，这只能依靠普遍、权威、具有共识基础的法律规范体系来实现；从治权结构上来说，如何在具体的实践中始终确保三者意志的统一，这需要利用法律工具去面对各种新的社会关系。尤其是在一个信息技术时代，人类包括中国面临的不仅仅是一种取代工业革命技术的新时代，而是面临着社会组织模式、社会行为规范和社会价值秩序全面刷新的新时期。没有法律的保障，人类很容易陷入新的紊乱。

① 参见《开辟法治中国新天地——党的十八大以来推进全面依法治国纪实》，中国网，http：//www. china. com. cn/news/2017－10/09/content－41704205. htm.

② 参见《习近平为依法治国发动员令　看这五年最有力的表现》，央视网，http：//news. cctv. com/2017/08/24/ARTI3kNrZa9m3CnYFGE8N3Ew170824. shtml.

但是，长远目标的追求也不能忽视当下中国社会由于剧烈变动和改革所产生的各种现实问题。一些法治的具体命题必须结合当下的语境来进行阐发和理解，才能做到有的放矢。在决胜全面建成小康社会的历史阶段，习近平总书记就曾经指出，法治发展阶段的重要任务是："全面推进依法治国，是全面建成小康社会和全面深化改革开放的重要保障。现在，全面建成小康社会进入决定性阶段，改革进入攻坚期和深水区，国际形势复杂多变，我们面对的改革发展稳定任务之重前所未有、面对的矛盾风险挑战之多前所未有，人民群众对法治的要求也越来越高，依法治国在党和国家工作全局中的地位更加突出、作用更加重大。"①

这也就意味着，很多传统的法治命题在现阶段就具有特殊的意义，例如"法律面前人人平等"在当下尤其要注意的是正确处理"权与法"的关系，抓住"关键少数"，防止以权代法，避免在权力基础上形成分利同盟，破坏或干扰深化改革所需要的公平正义环境。对此，习近平总书记也特别提道："现在，一些党员、干部仍然存在人治思想和长官意识，认为依法办事条条框框多、束缚手脚，凡事都要自己说了算，根本不知道有法律存在，大搞以言代法、以权压法。这种现象不改变，依法治国就难以真正落实。"②

---

① 习近平：《加快建设社会主义法治国家》，《求是》2015 年第 1 期。

② 《中国共产党第十八届中央委员会第四次会议文件汇编》，人民出版社 2014 年版，第 71 页。

五、正确处理作为战略目标与战略举措的法治的关系

法治是一项战略目标，围绕它，党的十八届四中全会作出了具体的战略部署，明确了 190 项战略举措与改革任务。可以说，这是一种法治的“自传效应”。围绕这个战略目标，按照“法治国家、法治政府、法治社会共同建设”“依法执政、依法治国、依法行政一体推进”的“法治同心圆”效应，能够为法治建设形成合力，并形成一个完整的社会主义法治体系。也可以说，这是一种“法治的内在价值观”，是以法治自身作为价值目标而形成的严密整体。

作为一项具体的战略举措而存在，法治必然还要追求“公转效应”，即要在实现自身内在价值的同时满足对“法治的外在价值观”的落实，这也就是习近平总书记创造性提出的：“围绕中国特色社会主义事业总体布局，体现推进各领域改革发展对提高法治水平的要求，而不是就法治论法治。”[①]

这种避免就“法治论法治”的思路集中体现在“四个全面协调发展”的新战略思维中。习近平总书记总结指出，党的十八大以来，党中央从坚持和发展中国特色社会主义全局出发，提出并形成了全面建成小康社会、全面深化改革、全面依法治国、全面从严治党的战略布局。这个战略布局，既有战略目标，

① 习近平：《关于〈中共中央关于全面推进依法治国若干重大问题的决定〉的说明》，《人民日报》2014 年 10 月 29 日。

也有战略举措，每一个“全面”都具有重大战略意义。[①]

更具体而言，党的十九大以来，全面深化改革、全面依法治国、全面从严治党这三大战略举措对实现全面建成社会主义现代化强国的战略目标一个都不能缺。不全面深化改革，发展就缺少动力，社会就没有活力。不全面依法治国，国家生活和社会生活就不能有序运行，就难以实现社会和谐稳定。不全面从严治党，党就做不到“打铁还需自身硬”，也就难以发挥好领导核心作用。[②]

这里的重要启示就是：法治的内在价值观与外在价值观应该协调发展。我们切不可以孤立地看待法治的价值，要更加正确处理改革与法治的关系。法治必须追求确定性的效果，具有平等、稳定的美德，因此我们当然必须追求依法改革的状态，但全面深化改革本身也是一种创新发展的需要，而创新总是面临着“创造性破坏”的效应。在这种情况下，重大改革固然需要于法有据，但立法也需要主动适应改革，不能仅仅固守法律的边界而贻误重大制度创新与改革的契机。从这个意义上说，必须要建立沟通法的内在价值与外在价值相互转化、商谈与协调的制度性机制。这样的机制必然需要激活宪法实施，尤其是宪法解释机制的功能，通过灵活有度的宪法解释来努力弥合规范与事实、法律与改革的规范缝隙，确保作为战略目标与战略

① 参见《领导干部要做尊法学法守法用法的模范　带动全党全国共同全面推进依法治国》，《人民日报》2015年2月3日。

② 参见《三、新的历史条件下治国理政总方略》，《人民日报》2016年4月22日。

举措双重意义的法治能够最大程度发挥稳定的规范效力。

六、正确处理依法治国与以德治国的关系

如何正确认识法律在国家治理中的地位和作用，这既是一个理论命题，也是我们党在论述依法治国的时候经常思考的重大问题，并在这个过程中很早就提出依法治国与以德治国相结合的命题。然而，习近平总书记对这个命题的重大发展则是将法治与德治的结合关系从一个局部的治理特征上升到中国社会主义法治的整体特色，这实际上是刷新了有关法的概念的本体论，提出了法律在概念上和效力上应当与道德有基础联系的重要命题。习近平总书记提出，改革开放以来，我们深刻总结我国社会主义法治建设的成功经验和深刻教训，把依法治国确定为党领导人民治理国家的基本方略，把依法执政确定为党治国理政的基本方式，走出了一条中国特色社会主义法治道路。这条道路的一个鲜明特点，就是坚持依法治国和以德治国相结合，强调法治和德治两手抓、两手都要硬。这既是历史经验的总结，也是对治国理政规律的深刻把握。[①] 这也就在历史和实践两个维度上论证了依法治国与以德治国必须结合的重要论点。

从历史的维度来看，以德治国从来是中国儒家的重要治理主张，即便在近代以来，儒家文化遭遇“制度性解体”，但其强

① 参见《坚持依法治国和以德治国相结合　推进国家治理体系和治理能力现代化》，《人民日报》2016 年 12 月 11 日。

调“化性起伪”“以德服人”，强调人在道德潜能上的平等，尤其是对为政者、当权者“为政以德，譬如北辰”的告诫仍然具有重要的积极作用。

从实践的维度来看，法律构成了道德义务的强制保障力，道德义务往往也成为法律的正当性基础。很多法律实践本质上就是道德义务的法律化，例如《中华人民共和国食品安全法》及相关法规、规章，针对大面积的市场失信等道德问题，提出了企业第一责任，并规定了诸如黑名单制度、举报行政奖励制度等一系列制度，都是为了解决道德义务的国家强制力问题。同时，法律很多时候只有体现道德义务，才能获得真正的正当性，也才能避免仅仅成为一种强制性命令，从而在取得效力的基础上进一步获得真正的实效。

正确处理依法治国和以德治国的关系，还必须领会习近平总书记提出这个问题的一个基本视角，那就是并非仅仅强调用法律和道德去治理社会与人民，而是首先对治国的人提出治理依据的基本要求。也就是说，依法治国和以德治国的核心要义都在于约束公权力，而非单纯治理社会、管束人民。这正是习近平总书记对这个传统命题的重大发挥。为此，他深刻指出，要发挥领导干部在依法治国和以德治国中的关键作用。领导干部既应该做全面依法治国的重要组织者、推动者，也应该做道德建设的积极倡导者、示范者。要坚持把领导干部带头学法、模范守法作为全面依法治国的关键，推动领导干部学法经常化、制度化。以德修身、以德立威、以德服众，是干部成长成才的重要因素。领导干部要努力成为全社会的道德楷模，带头践行社会主义核心价值观，讲党性、重品行、作表率，带头注重家庭、家教、家风，保持共产党人的高尚品格和廉洁操守，以实际行动带动全社会崇德向善、尊法守法。①

从这段话的核心思想来看，习近平总书记将社会主义核心价值观、良好家教家风等一系列新的时代命题有机融入了对这对关系的阐述当中。领导干部不仅仅是享有公权力的人，不仅仅是权力的象征，也是德性和优越伦理在个体上的展现。因此，领导干部一方面要身体力行实践法治精神、带头守法，但更重要的是要积极修身，提高道德境界，在言行上堪为世人楷模，既要以法律的规范力治理国家，并将其作为行使自身权力的依据，也要以道德感召力成为社会治理的中坚力量。

七、正确处理法治实践与法学教育的关系

国家治理体系和治理能力的现代化本质上是人的现代化。二十大报告提出，教育、科技、人才是全面建设社会主义现代化国家的基础性、战略性支撑。法治是国家治理现代化的保障，而高水平法律人才的培养则是法治现代化的关键。中国特色社会主义法治事业的开展离不开人的培养这个根本性的工作环节。坚持培养高素质的德才兼备的社会主义法治人才队伍，

① 参见《坚持依法治国和以德治国相结合　推进国家治理体系和治理能力现代化》，《人民日报》2016 年 12 月 11 日。

是习近平法治思想的核心要义之一。“徒法不足以自行”的历史规律更加突出了人在法治建设中的主体地位和作用，并由此提出了有关法学教育的重要观点。而正确处理法治实践与法学教育的关系则成为这一观点的核心思想。

2017 年 5 月 3 日，习近平总书记在视察中国政法大学时围绕法学教育发表了重要讲话。这一讲话围绕全面推进依法治国战略、法学教育和学科建设以及青年立德树人三个层面，在逻辑上环环相扣：全面推进依法治国是实现国家治理体系和治理能力现代化的要求与保障，而治理体系与治理能力的现代化本质上是人的现代化。没有优良的法学教育和学科建设，没有一流的法学理论滋养，则无法塑造和培养高素质的人才。这其中，尤其是青年法学人才，更是扮演着未来法治中国建设主体力量的重要角色。由此，法学教育以及相关的学科建设也就成为了一个枢纽和关键，值得法学学者深思。

习近平总书记的有关论述虽然言简意赅，但饱含丰富的信息和深意，为中国法学教育提出了一些规律性的指针，可以说构成了习近平法治思想的重要组成部分。通过分析和提炼，我们可以发现，中国法学教育要实现“法治领域人才辈出”，必须正确处理以下几个基本关系：

第一，正确处理法学教育背景的中国实践性和世界实践性的关系。中国自古以来就有律学传统，欧洲大陆也有来自于罗马法时代的法律职业教育。不同的文化传统塑造了法学教育的不同侧重，不同的国家体制和发展阶段则催生了法学教育不同的问题意识。可以说，正是实践需求、实践基础、实践障碍的不同塑造了不同国家法学教育最基本的面貌和模式。在一个全球化的时代，中国法学教育无法在理念、制度和技术等多个层面豁免对世界相关文明的借鉴，但正如习近平总书记所指出的，我们的国家治理有其他国家不可比拟的特殊性和复杂性，也有我们自己长期积累的经验和优势，[①] 培养法学教育的自我意识和主体意识，是我们有效参与全球法学教育竞争的前提，更是实事求是地回答和解决中国法治问题的要求。因此，在“接地气”的基础上“接洋气”，在坚持中国特色社会主义法治理论与回答中国问题的理论勇气前提下合理吸收世界法学教育的相关内容与方法，应该是我们处理这个问题的基本出发点。

第二，正确处理法学教育目标的理论理性和实践理性的关系。法学教育的目标究竟是一种博雅教育，以探究知识上的“真实”，还是一种实践教育，重在解决行动上的“正确”，这一直是困扰我们的一个话题。归根结底，这取决于如何理解“法律人”的基本素养。回顾人类的法治历史，我们可以发现一个基本的事实：割裂法律人的价值观念、知识水平与实践技能，一定会给国家和时代带来灾难。没有正确价值判断的“奉法者”往往会沦为强权和任性的工具，没有丰厚知识与娴熟操作技能的“法律人”容易流于空谈误国。由此，法学教育必须追求理论理性和实践理性的统一。这就需要我们在学科建设和课程设

① 参见《立德树人德法兼修抓好法治人才培养　励志勤学刻苦磨炼促进青年成长进步》，《人民日报》2017年5月4日。

计中将原理、规范和操作妥善结合。习近平总书记尤其指出，要打破高校和社会之间的体制壁垒，将实际工作部门的优质实践教学资源引进高校，加强法学教育、法学研究工作者和法治实际工作者之间的交流。[①] 这种交流尤其强调优质实践教学资源的引入。要避免法科学生在道德判断上的凌空蹈虚和知识学习上的抽象空洞，避免他们忽视经验和技术。

第三，正确处理法学教育内容理想性和现实性的关系。法学教育的内容与社会现实紧密相关，本质上关乎对正义的理解，充满着价值判断和由此带来的分歧。因此，“为谁教、教什么、教给谁、怎样教的问题”就成为了一个关键的问题。法学教育应该“养浩然正气”“列堂堂之阵，树正正之旗”。法律事业虽然世俗，但法学教育并不能因世俗而失去理想，相反，法律的功能就是为社会凝聚共识、塑造价值。尽管法律总是与纠纷、争议相伴，总是容易暴露人性和社会的弱点，但正是因为法律与不确定和不完美性相伴，它的“化性起伪、以恶扬善”才更为可贵和有价值。因此，法学教育不能陷入一种负面情绪的渲染之中，教师既要传授规范世界的理性和正义，也要引导学生有直面现实、改造社会的良知与勇气。习近平总书记提出的“法学专业教师要坚定理想信念，带头践行社会主义核心价值观”[②]，可谓是对当下的法学教育某些风气洞若观火、一针见血

---

① 参见《立德树人德法兼修抓好法治人才培养　励志勤学刻苦磨炼促进青年成长进步》，《人民日报》2017年5月4日。

② 参见《立德树人德法兼修抓好法治人才培养　励志勤学刻苦磨炼促进青年成长进步》，《人民日报》2017年5月4日。

地提醒。

培养高素质的社会主义法治人才是全面推进依法治国战略的关键。习近平总书记立足实践需求对法学教育提出的系统性思考，是对中国特色社会主义法治理论的重大发展，也必将成为法学工作者正确认识法学教育规律、妥善处理相关关系的基本指针。

总之，依法治国必须站在中国特色社会主义的总体要求下，正确处理若干关系，才能深入把握中国特色社会主义法治的规律，才能将习近平法治思想准确运用到具体实践工作中。

第三章　依法治国的立法根基

——建构完备的社会主义法律规范体系

一、社会主义法律规范体系的基本内容

习近平法治思想中提出了“坚持建设中国特色社会主义法治体系”。社会主义法治体系首先就是要求完善中国特色社会主义法律体系。小智治事，中智治人，大智立法，治理一个国家、一个社会，关键是要立规矩、讲规矩、守规矩。“完备的社会主义法律规范体系”在外延上要比“社会主义法律体系”更广，但前者的核心和主体部分是以宪法为核心、由主要部门法构成的法律体系。为研究的聚焦，本书主要从法理上探讨和介绍了社会主义法律体系的内容。同时，宪法是国家的根本法，对于其实施问题应放在法治实施部分予以研究，以此凸显学理上的思考。

2011 年 3 月 10 日，时任全国人大常委会委员长吴邦国在十一届全国人大四次会议第二次全体会议上宣布，截至 2011 年 8 月底，中国已制定现行宪法和有效法律共 240 部、行政法规 706

部、地方性法规 8600 多部，涵盖社会关系各个方面的法律部门已经齐全，各个法律部门中基本的、主要的法律已经制定，相应的行政法规和地方性法规比较完备，法律体系内部总体做到科学和谐统一，中国特色社会主义法律体系已经形成。该体系是指以宪法为统帅，以法律为主干，由宪法相关法、民法商法、行政法、经济法、社会法、刑法、诉讼与非诉讼程序法等多个法律部门组成的有机统一整体，其包括法律、行政法规、地方性法规三个层次。我们可以通过图 1 来清楚地认识这一体系的构成。

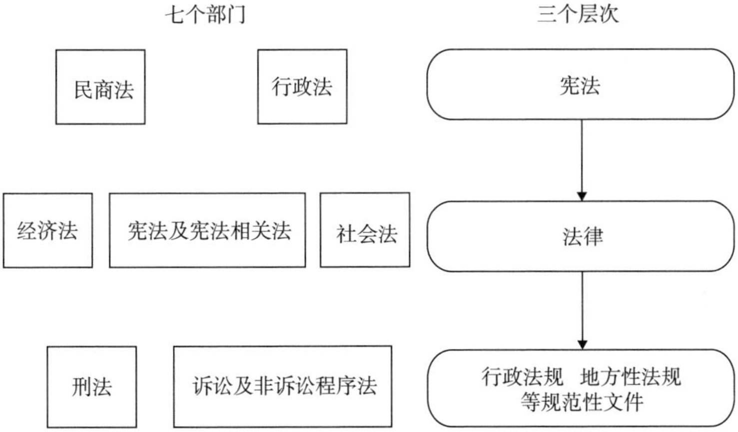

图 1　中国特色社会主义法律体系的构成

（一）七个法律部门

所谓 7 个法律部门，是按照法律所调整的社会关系和调整方法对我国实际存在的法律规范进行划分得到的体系。

一是宪法及宪法相关法。我国现行宪法是由 1982 年第五届全国人大在全面修改 1954 年宪法的基础上制定的，目前分别于

1988年、1993年、1999年、2004年和2018年进行了修改，一共有143条正文和52条修正条文组成。宪法部门主要是为了调整国家与公民以及国家机构之间的关系。我国宪法包括序言、总纲、公民基本权利与义务、国家机构、国旗国歌国徽首都等内容。宪法是国家的根本法，具有最高法律效力。现行宪法序言明确规定了一切政党、国家机关、武装力量、人民团体、社会组织和公民个人都要服从宪法，第五条也规定违反宪法的行为都必须得到纠正。宪法性法律也可以称为“国家法”部门，主要是围绕国家基本制度、机构组织、国家活动与程序、国家责任、国家象征等要素形成的法律，在我国主要包括《国籍法》《选举法》《香港特别行政区基本法》《澳门特别行政区基本法》《立法法》《人大代表和人民政府组织法》《全国人大组织法》《人民法院组织法》《人民检察院组织法》《国家监察法》《法官法》《检察官法》《监察官法》《预算法》《国防法》《国家安全法》《反国家分裂法》《国家赔偿法》《国旗法》《国歌法》《国徽法》等。宪法性法律是对宪法上规定的国家纲领、国家目标、国家制度、国家机构、国家象征等重要制度的具体化和落实，对于形成我国以宪法为统帅的国家法律秩序具有非常重要的意义。

二是民商法。民商法包括民法和商法两个部分。民法是调整平等主体之间人身关系与财产关系的部门法。2020年5月28日，十三届全国人大三次会议高票通过的《中华人民共和国民法典》（包括总则编、物权编、合同编、人格权编、婚姻家庭编、继承编、侵权责任编，就是我国民事法律部门的法典化。

民法部门对于调整社会成员之间的平等关系、保障公民合法民事权益（尤其是人格尊严）、确保社会主义市场经济秩序等具有重大作用。商事法主要是调整社会主义条件下商业主体之间人事关系与财产关系的法律，在我国包括《公司法》《证券法》《合伙企业法》《外商投资法》等法律，对于进一步深化我国经济体制改革、进一步扩大经济开放积极参与全球化合作与竞争都具有重要意义。

三是刑法。刑法主要是规定犯罪与刑罚的法律部门。我国于 1979 年制定了《中华人民共和国刑法典》，全国人大常委会多次对该法典进行修正，迄今形成了十个刑法修正案。同时，最高人民法院和最高人民检察院还会在具体适用法律过程中提出司法解释，它们都构成了刑事法律部门的相关内容。我国刑法坚持罪刑法定、罪刑相适应等原则，注意法律对人权的保障。刑法典分为总则和分则，总则是关于犯罪和刑罚的一般原则、概念、类型的规定，分则则是对侵犯各种具体法益如何定罪和量刑的规定。

四是行政法。行政法是调整行政主体与公民、法人、其他组织法律关系以及相关行政主体之间法律关系的法律规范总称。行政法部门的发展历史相对比较短，与民法、刑法等部门法相比，具有形式上没有法典化与总则化以及内容庞杂、变动较快等特点。行政法在我国规范行政权力、促进法治政府建设方面具有非常重要的作用，也是对公民权利保护起到重要作用的法律部门。我国行政法律部门主要由行政组织法、行政行为法、行政救济法等法律规范组成，包括《行政处罚法》《行政许可法》《行政强制法》等共同行政行为法，对于规范行政权力和合理划分政府、社会、市场与个人的边界以及促进政府良好行政等方面都发挥了重要作用。1999 年制定的《中华人民共和国行政复议法》和 1989 年制定的《中华人民共和国行政诉讼法》则构成了行政救济法的重要组成部分，对于保障公民合法权益、化解行政争议、监督行政机关依法行使职权等方面具有重要作用，积极推动了中国的法治政府建设。

五是经济法。经济法作为一个法律部门，是我国借鉴苏联经验并中国化的结果。改革开放初期，社会主义商品经济缓慢发展，政府干预经济活动，分配资源仍然是主流现象。由此，从强调计划为主、市场为辅的苏联经验出发，我们有了调整政府与市场关系的经济法律，并集中在税收、土地管理、金融等方面。随着社会主义市场经济体制改革的不断深化，经济法部门的领域也逐渐定型，基本法律原则也越来越符合市场经济建设的要求，合理划分政府与市场的边界，更好地发挥政府作用日益成为该部门法的基本要求。

六是社会法。2004 年宪法修改增加了“国家建立社会保障制度”。社会法作为一个重要法律部门，凸显了其不可替代的积极作用。社会法在学理上被称为所谓的“第三领域法”，介于罗马法传统上“公法”和“私法”之间。社会法的兴起是法律介入社会安全、公平分配、社会保障等领域的结果，它弥补了传统民法坚持放任自由市场原则和个人所有权不受限制等带来的缺陷。社会法最早在20世纪初德意志帝国魏玛宪法和1918年苏俄宪法中获得法律地位，后来逐渐在劳资纠纷与劳动者权益保护、社会保险、社会救助、社会福利等领域形成独立立法。我国市场经济建设取得了巨大历史成就，但也在劳资矛盾、社会资源保障与分配、弱势群体救助、社会风险分担等领域对法律要求日益增强，其中的《中华人民共和国社会保险法》《中华人民共和国劳动合同法》等都是该部门的重要法律。

七是诉讼及非诉讼程序法。我国的法律部门中还有一类法律侧重规范程序，主要侧重各种法律争议的解决程序，例如《刑事诉讼法》《民事诉讼法》《行政诉讼法》《人民调解法》《仲裁法》等。这些法律构成的部门主要是提供各种争议解决的一般程序与规则，按照是否提交给人民法院处理可以分为诉讼程序和非诉讼程序法两大类。党的十八届四中全会确立了“以审判为中心”的司法体制改革思路，诉讼程序法成为修改和完善的重点。此外，以司法责任制为核心的改革正在稳步推进中。

（二）三个层次

从法律渊源看，我国社会主义法律体系形成了“宪法一法律一行政法规与地方性法规”的三个立法层次。

法律是全国人大及其常委会行使国家立法权制定的规范性文件，在宪法之下具有最高的效力。其中，全国人大可以制定基本法律和非基本法律，全国人大常委会可以制定基本法律之外的其他法律，并在全国人大闭会期间部分修改由其制定的基本法律，但不得与该法律的基本原则相抵触。扩大全国人大常委会的立法权是现行宪法在修改时的一个重要努力，它对于提高中国的立法效率、高质量建设完善的社会主义法律体系具有重要意义。

行政法规是国务院根据宪法规定享有的制定法律约束力的规范性文件，它既可以执行法律的要求，也可以根据国务院自身职能规定相关内容。国务院在全国人大及其常委会授权的情况下也可以制定立法文件，但有一些内容是属于“法律保留”事项，行政法规不得自行制定。同时，我国很多单行法，例如《行政处罚法》《行政许可法》《行政强制法》都明确规定了行政法规的设定权。

根据《中华人民共和国立法法》的规定，地方性法规是省级人大及其常委会，设区的市人大及其常委会制定的地方立法文件。其宪法根据来自于《中华人民共和国立法法》第三条第四款“充分发挥地方积极性与主动性原则”，这也是中央事务与地方事务在立法上的分工体现。

我国宪法和《中华人民共和国立法法》对于这三个立法层次的效力等级进行了明确规定，同时对于防止下位法抵触或违背上位法也作了制度规定。例如《中华人民共和国立法法》第八十七条规定了宪法具有最高的法律效力，一切法律、行政法规、地方性法规、自治条例和单行条例、规章都不得同宪法相抵触。

《中华人民共和国立法法》第八十八条规定，法律的效力高于行政法规、地方性法规、规章。行政法规的效力高于地方性法规、规章。同时，规定了对违反上位法的规范性文件予以改变或撤销的制度：法律、行政法规、地方性法规、自治条例和单行条例、规章有下列情形之一的，由有关机关依照本法第九十七条规定的权限予以改变或者撤销：（一）超越权限的；（二）下位法违反上位法规定的；（三）规章之间对同一事项的规定不一致，经裁决应当改变或者撤销一方的规定的；（四）规章的规定被认为不适当，应当予以改变或者撤销的；（五）违背法定程序的。并明确规定了相应主体的权限：（一）全国人民代表大会有权改变或者撤销它的常务委员会制定的不适当的法律，有权撤销全国人民代表大会常务委员会批准的违背宪法和本法第七十五条第二款规定的自治条例和单行条例；（二）全国人民代表大会常务委员会有权撤销同宪法和法律相抵触的行政法规，有权撤销同宪法、法律和行政法规相抵触的地方性法规，有权撤销省、自治区、直辖市的人民代表大会常务委员会批准的违背宪法和本法第七十五条第二款规定的自治条例和单行条例；（三）国务院有权改变或者撤销不适当的部门规章和地方政府规章；（四）省、自治区、直辖市的人民代表大会有权改变或者撤销它的常务委员会制定的和批准的不适当的地方性法规；（五）地方人民代表大会常务委员会有权撤销本级人民政府制定的不适当的规章；（六）省、自治区的人民政府有权改变或者撤销下一级人民政府制定的不适当的规章；（七）授权机关有权撤销被授权机关制定的超越授权范围或者违背授权目的的法规，必要时可以撤销授权。

同时，为了维护社会主义法律体系的统一性，加强合法性与合宪性的审查，《中华人民共和国立法法》还规定了备案制度以及提请审查制度，并在2015年进一步对该法加以完善。

《中华人民共和国立法法》规定，行政法规、地方性法规、自治条例和单行条例、规章应当在公布后的30日内依照下列规定报有关机关备案：（一）行政法规报全国人民代表大会常务委员会备案；（二）省、自治区、直辖市的人民代表大会及其常务委员会制定的地方性法规，报全国人民代表大会常务委员会和国务院备案；设区的市、自治州的人民代表大会及其常务委员会制定的地方性法规，由省、自治区的人民代表大会常务委员会报全国人民代表大会常务委员会和国务院备案；（三）自治州、自治县的人民代表大会制定的自治条例和单行条例，由省、自治区、直辖市的人民代表大会常务委员会报全国人民代表大会常务委员会和国务院备案；自治条例、单行条例报送备案时，应当说明对法律、行政法规、地方性法规作出变通的情况；（四）部门规章和地方政府规章报国务院备案；地方政府规章应当同时报本级人民代表大会常务委员会备案；设区的市、自治州的人民政府制定的规章应当同时报省、自治区的人民代表大会常务委员会和人民政府备案；（五）根据授权制定的法规应当报授权决定规定的机关备案；经济特区法规报送备案时，应当说明对法律、行政法规、地方性法规作出变通的情况。

《中华人民共和国立法法》也赋予了相关国家机关请求进行合宪性审查和合法性审查的权力，并赋予了其他公民和组织有进行建议审查的权力：国务院、中央军事委员会、最高人民法院、最高人民检察院和各省、自治区、直辖市的人民代表大会常务委员会认为行政法规、地方性法规、自治条例和单行条例同宪法或者法律相抵触的，可以向全国人民代表大会常务委员会书面提出进行审查的要求，由常务委员会工作机构分送有关的专门委员会进行审查、提出意见。前款规定以外的其他国家机关和社会团体、企业事业组织以及公民认为行政法规、地方性法规、自治条例和单行条例同宪法或者法律相抵触的，可以向全国人民代表大会常务委员会书面提出进行审查的建议，由常务委员会工作机构进行研究，必要时，送有关的专门委员会进行审查、提出意见。

值得一提的是，2015 年《中华人民共和国立法法》修改时，进一步完善了提请审查制度，具体体现在以下几个方面：第一，增加了“有关的专门委员会和常务委员会工作机构可以对报送备案的规范性文件进行主动审查”的规定，使得审查启动程序更加完备。第二，完善了相应审查程序的具体规定。全国人民代表大会专门委员会、常务委员会工作机构在审查、研究中认为行政法规、地方性法规、自治条例和单行条例同宪法或者法律相抵触的，可以向制定机关提出书面审查意见、研究意见，也可以由法律委员会与有关的专门委员会、常务委员会工作机构召开联合审查会议，要求制定机关到会说明情况，再向制定机关提出书面审查意见。制定机关应当在两个月内研究提出是否修改的意见，并向全国人民代表大会法律委员会和有关的专门委员会或者常务委员会工作机构反馈。全国人民代表大会法律委员会、有关的专门委员会、常务委员会工作机构根据前款规定，向制定机关提出审查意见、研究意见，制定机关按照所提意见对行政法规、地方性法规、自治条例和单行条例进行修改或者废止的，审查终止。全国人民代表大会法律委员会、有关的专门委员会、常务委员会工作机构经审查、研究认为行政法规、地方性法规、自治条例和单行条例同宪法或者法律相抵触而制定机关不予修改的，应当向委员长会议提出予以撤销的议案、建议，由委员长会议决定提请常务委员会会议审议决定。第三，完善了审查结论公开程序。《中华人民共和国立法法》规定，全国人民代表大会有关的专门委员会和常务委员会工作机构应当按照规定要求，将审查、研究情况向提出审查建议的国家机关、社会团体、企业事业组织以及公民反馈，并可以向社会公开。

党的十九大以来，全国人大常委会备案审查工作进入快速发展期，无论是在制度成熟度上还是在能力提升上，都取得了重大进步。自 2017 年开始，全国人大常委会法工委向全国人大常委会专题汇报年度备案审查工作，形成了主动审查、被动审查、专项审查的基本工作模式，制定了法规、规章备案审查办法，充分发挥了备案审查的制度效能。

然而，中国特色社会主义法律体系基本形成，不代表立法工作已经完全成熟、定型。加快重点领域立法越来越成为当下工作的重点。正如习近平总书记所明确指出的："要加强国家安全、科技创新、公共卫生、生物安全、生态文明、防范风险等重要领域立法，加快数字经济、互联网金融、人工智能、大数据、云计算等领域立法步伐，努力健全国家治理急需、满足人民日益增长的美好生活需要必备的法律制度。要发挥依规治党对党和国家事业发展的政治保障作用，形成国家法律和党内法规相辅相成的格局。要聚焦人民群众急盼，加强民生领域立法。对人民群众反映强烈的电信网络诈骗、新型毒品犯罪和'邪教式'追星、'饭圈'乱象、'阴阳合同'等娱乐圈突出问题，要从完善法律入手进行规制，补齐监管漏洞和短板，决不能放任不管。这些年来，资本无序扩张问题比较突出，一些平台经济、数字经济野蛮生长、缺乏监管，带来了很多问题。要加快推进反垄断法、反不正当竞争法等修订工作，加快完善相关法律制度"。①

二、社会主义法律规范体系的重大特征

我国社会主义法律体系具有鲜明的时代特色和制度特征，按照权威研究，我国立法工作享有一些基本经验，如"坚持完善和发展中国特色社会主义制度的本质要求""坚持党对立法工

① 习近平：《坚持走中国特色社会主义法治道路　更好推进中国特色社会主义法治体系建设》，《求是》2022 年第 4 期。

作的领导”“坚持以中国特色社会主义理论体系为指导”“坚持人民主体地位”“坚持推进国家治理体系和治理能力现代化制度创新”“坚持从中国国情和实际出发”“坚持依法治国与以德治国相结合”“坚持社会主义法制统一”等。[①] 社会主义法律体系是立法工作的基本成果，为此，本书在上述经验厘定的框架里尝试总结了我国社会主义法律体系的重大特征。

（一）党的意志、国家意志与人民意志的高度统一

我国社会主义法律体系最重要的特征就是实现了党的意志、国家意志和人民意志的高度统一，实现了上文所概括的均衡的主权结构。党领导立法，通过民主集中制将立法所需要的智慧和经验运用到立法活动中，发现问题、提出方案并进行立法活动。立法机关通过酝酿和审议，从党对全局的把握中萃取出具有最大共识的部分，形成审议草案，再通过立法程序中的公开征求意见等多种形式消化吸收人民群众的意见，最终通过相关法律。这个过程就是党的意志通过法律转化为国家意志、坚持和体现以人民为中心的立法全过程。

（二）全面布局与重点突出的高度统一

我国社会主义法律体系 7 个部门法应该说涵盖了治国理政的方方面面，形成了国家治理在法治层面的四梁八柱。同时，

① 参见沈春耀、许安标主编：《大智立法：新中国成立 70 年立法历程》，法律出版社 2019 年版，第 411 页及以下。

每一个部门法在立法和发展过程中又注意突出重点和问题导向，以解决该部门、该领域中的关键问题为抓手进行了立法突破。例如，在改革开放初期，诉讼法部门领域里如何实现“民告官”，以规范行政权，从而为改革奠定依法行政的基础，这就催生了1989年出台的行政诉讼法。在21世纪初，中国改革开放取得了巨大的经济成就，但社会发展中积累的矛盾也日益增多，环境污染、贫富分化、群体矛盾等问题日益凸显。在这个现实需求下，社会法部门法领域迅速发展，一系列以建构和谐社会为目标的立法纷纷出台。全面布局与重点突出、战略导向与问题导向等相结合一直是中国特色社会主义法律体系的重要考虑内容。

（三）制度优势与治理效能的高度统一

我国社会主义法律体系不仅仅考虑制度建构本身的规范体系完备和逻辑严谨，也日益重视立法能不能促进和提升治理效能。因此，法律的可操作性、灵活性也愈加得到重视。改革开放初期，为适应迅速提升立法速度与改革的需要，我们曾经提出过“立法宜粗不宜细”的立法要求，但过于粗疏的立法也会阻碍精细管理，进而妨碍通过法律的社会治理效能，因而由此带来的法律漏洞、法律冲突等问题日益受到重视。尤其是党的十八大以来，我国立法日益强调提升治理效能，注重弥补法律漏洞，强调法律的可操作性。例如，在新冠肺炎疫情防控期间，全国人大常委会启动相关法律的修改，特别注重法律的一致性、实操性等问题，以期更好满足实践需要。[①]

（四）中国实际与国际经验的高度统一

我国社会主义法律体系既是中国经验的总结，也充分吸收了世界各国乃至人类文明合理、先进的立法原则、立法内容和立法技术。例如，《中华人民共和国民法典》编纂中对大陆法系法典化成果的吸收、中国行政法发展过程中对行政程序法立法理念和原则的吸收、刑法立法过程中对苏联和德日相关传统的吸收，都充分体现了中国性与世界性的有机结合。对于不适合中国国情与需要的内容，我们并没有盲目照搬照抄；对于国际交往中被证明是通例、具有相对普遍合理性的规则，在我国法律制定、修改、解释、废止的过程中也予以了充分重视。

三、社会主义法律规范体系与良法善治

党的十八届四中全会第一次提出法律是治国之重器，良法是善治之前提，党的十九届四中全会进一步强调了良法善治对于国家治理体系和治理能力现代化的重要意义。在社会主义法律体系基本建成之后，能不能实现善治的目标，成为了进一步完善这一体系的重点工作。从国家治理的角度来看，良法善治就是要通过以我国宪法为根本法的法律体系实现一个良好的国家治理

① 参见王利明、王旭：《加快公共卫生重点领域立法》，《中国社会科学报》2020 年 4 月 8 日。

状态，这需要我们分析宪法文本来明确国家治理的目标究竟是什么，从而建立起良法与善治之间的逻辑关系和判断标准。

我国宪法序言第七自然段有一条表达国家目的的条款："把我国建设成为富强、民主、文明的社会主义国家"。很显然，这里蕴含着宪法上述三个关键价值的明确宣示以及对国家形象的直接表达。"富强"是一种追求良好绩效的表达；"民主"则是人民当家作主的根本要求，在当代中国，它通过超越了西方选举民主的全过程人民民主来充分展现；文明则在本质上是序言首段"中国各族人民共同创造了光辉灿烂的文化"这样一种"文化中国"的价值凝聚，本质上可推演为一种当代国人心灵道德秩序和伦理组织生活之重构。①

我国宪法第六条中的"社会主义公有制消灭人剥削人的制度，实行各尽所能、按劳分配的原则"体现着平等的社会主义根本价值追求；第三十三条第三款"国家尊重和保障人权"则可以解读出以自由为重要追求的主张。而第五十一条"中华人民共和国公民在行使自由和权利的时候，不得损害国家的、社会的、集体的利益和其他公民的合法的自由和权利"则又体现出了对和谐（秩序）价值的重要追求。

从宪法文本的构建来看，国家治理追求的善治理想，至少包括"秩序井然的中国"（和谐）、"公平正义的中国"（平等）、

① "以道德自律取代宗教以涵养理性"和"以礼制为核心将人纳入人伦关系之中"正是中国传统文化的两个要义，参见梁漱溟：《中国文化的命运》，中信出版集团 2013 年版，第 54、146 页。

"生机勃勃的中国"（自由）、"小康独立的中国"（富强）、"选贤慎议的中国"（民主）、"礼乐兴盛的中国"（文明）这六重意象。可以说，法治对国家治理体系与治理能力现代化的追求从根本上就是要建构这样一个多重叠合的"善治中国"。[①]

宪法的规定实际上呼应了党的十八届四中全会的重大判断，因此，社会主义法治必然是以法律体系为基础，但它必须满足对人民美好生活需要的期待，必须是坚持以人民为中心、体现高质量发展、不断解决当代中国社会主要矛盾的体系。重点领域、新兴领域、涉外领域的立法工作必须充分满足国家治理亟须、满足人民美好生活需要必备这两个重要的善治标准。同时，在法治实施、法治监督和法治保障领域以及在党内法规领域，都必须充分实现社会主义法律的善治价值，这就是按照习近平总书记明确指出的"要围绕让人民群众在每一项法律制度、每一个执法决定、每一宗司法案件中都感受到公平正义这个目标"来深化法治领域改革。[②]

四、习近平法治思想的具体运用：加强重点领域立法与法典编纂

从党的十八届四中全会开始，"加强重点领域立法"就是在

① 参见王旭：《"法治中国"命题的理论逻辑及其展开》，《中国法学》2016年第1期。

② 习近平：《坚持走中国特色社会主义法治道路　更好推进中国特色社会主义法治体系建设》，《求是》2022年第4期。

社会主义法律体系基本形成后中央提出的重要目标，而“编纂民法典”则早在党的十八届三中全会就被作为对市场经济重点领域立法的要求而提出。

加强重点领域立法体现的是问题导向思维，也就是要突出当下中国国家治理领域存在短板的领域，并及时通过立法予以补齐。同时，对于具有战略性、长远性的领域，要通过立法未雨绸缪、早做准备。这里，我们可以以我国公共卫生领域的重点立法为例，结合新冠肺炎疫情防控来具体理解。

在我国公共卫生领域立法中，重点体现为两类：一类是具有战略性的、管长远、管基础的领域，这个领域立法必须跟上，以确保公共卫生治理，尤其是预防风险和应对突发情况国家有法可依。[①]

从2020年初至今的新冠肺炎疫情防控工作中能够发现，“不谋长远者不足以谋一时”，统筹技术和制度，是实现我国公共卫生治理现代化的长远战略设计。

全球化流动和工业文明的复杂技术以及人类对生物环境的不当利用，都日益加剧了生物界对人类社会病毒侵入的风险，利用生物进行化学试剂实验开发等活动也引起生物材料不当接触、保管、泄漏、利用等危害。因此，从技术源头通过制定《中华人民共和国生物安全法》，能够规范、限制我们与生物有关的市场交易行为、生活消费行为和科研产业转化行为。《中华

① 参见王利明、王旭：《加快公共卫生重点领域立法》，《中国社会科学报》2020年4月8日。

人民共和国生物安全法》能够建立起全环节、多领域、多层次的法律框架，对生物与社会相互影响的各个风险点进行分析并设定权利、义务和责任进行风险控制。

研究制定紧急状态法是实施我国宪法上规定的紧急状态国家制度的基本要求。从这次防疫工作看，有必要将处于紧急状况的突发公共事件进一步通过立法规范化、制度化与程序化，有条不紊开展危机管理工作，避免引发社会次生伤害。现有的《中华人民共和国突发事件应对法》并不能代替紧急状态法。《中华人民共和国突发事件应对法》从条文来看主要是实体规则，侧重规范体制机制与具体管制措施。紧急状态法还必须对大量正当程序规定作出安排。紧急状态法的调整范围是自宪法规定的国家机关宣布全国或局部进入紧急状态到有权机关宣布状态解除的全过程，立法应该重点解决宣布和解除紧急状态的条件、紧急状态的分级（全国与局部）分类标准、宣布或解除进入紧急状态及动态调整相应级别的程序和紧急状态下开展相应公权力活动的主体、权限、内容、形式、程序以及紧急状态下悬置公民有关权利或暂停适用某些法律条款的条件，还有紧急状态下公共管制与公共服务的基本内容以及对承受特别牺牲相关主体的国家责任（包括赔偿、补偿、救助、社会保障等）。

重点领域立法表现为需要通过修改、解释和废止来实现法律的一致性和体系性。例如，在公共卫生领域，结合本次防疫，尽快修改传染病防治和突发公共事件应对的框架性和专门性法律，提升法律的体系性、一致性、操作性和科学性。从这次防疫工作的实践来看，有一些重点工作还需要推进：一是进一步优化体制机制。“统一领导、分类管理、分级负责、属地管理为主”的应急体制还需要进一步得到明确和完善。中央政府与地方政府、地方政府内部各个层级、政府与社会力量等关系还需要进一步予以理顺。尤其是在 2018 年党和国家机构改革后，我国建立了相对统一集中高效的应急管理体制，设立了中央和地方的应急管理部门，但目前根据《中华人民共和国突发事件应对法》突发公共卫生事件和社会公共安全事件，仍分别由特定部门负责。如何协调应急管理部门与这些部门的关系、如何确保全国统一的应急管理标准在不同领域都有效统合，还需要进一步通过法律修改来明确。同时，还需要进一步明确不同危机管理部门的权责和具体工作范围，例如，从中央到县级以上地方设立的应急指挥部，其在法律上的地位、权力与同级政府的关系。二是进一步提升法律的一致性。对于相关法律之间规定有冲突、存在隐性法律漏洞的地方，要进行有效填补。通过梳理《中华人民共和国传染病防治法》与《中华人民共和国突发事件应对法》与将来的紧急状态法的逻辑关系，能够防止在各自规范领域出现重叠、交叉的时候发生冲突。三是在总结此次防疫工作经验教训的基础上，进一步完善实践中运行效果不佳的制度。例如，完善信息管理制度，明确不同信息获取主体之间的权限和责任，细化信息搜集分析、报送、通报、发布的程序性规定，明确区分“预警发布权”和“疫情发布权”：前者应该建立分散响应机制，后者可以适当高位集中与协调。法律修改还应该规范中间行政组织（如社区、物业管理部门、保安公司、企事业单位）在突发事件应对中的权限、责任与工作程序，防止突发公共事件应对中的标准不一、地方恶性竞争与公权力无序社会化。四是完善公民权利保障和公权力行使程序的条文规定，有必要明确建立公权力行使指南、手册、裁量基准等制度，统一规范各地各级的行为。为此，有必要建立突发公共事件应对下的公民权利临时性紧急救济与保障制度，以发挥司法机关定分止争、保障人权的积极作用。

法典编纂对于完善我国社会主义法律体系具有非常重要的意义，可以从形式体系性和内容价值性两个方面来简要分析。从形式体系性来看，法典编纂往往是对相关部门法不同领域单行法的逻辑梳理，能够形成合理的体例，消除明显的逻辑矛盾，从而更好实现法律之间的衔接、对应、转介和配合。从内容价值性来看，通过编纂法典，可以梳理中国社会生活领域的各种价值观，实现价值和谐。

《中华人民共和国民法典》的编纂和实施，是习近平法治思想具体运用的重大体现。习近平总书记指出，“民法典在中国特色社会主义法律体系中具有重要地位，是一部固根本、稳预期、利长远的基础性法律。”[①]《中华人民共和国民法典》的施行，对于推进全面依法治国具有重大的战略意义。

一是在习近平法治思想指导下，彰显了坚持党的领导对全

① 习近平：《论坚持全面依法治国》，中央文献出版社2020年版，第278页。

面推进依法治国的巨大优势，凸显了以人民为中心的价值方向，坚定了我们走中国特色社会主义法治道路的自信。《中华人民共和国民法典》的编纂和施行，是习近平法治思想指导下的产物，是习近平法治思想核心要义的具体实现和展开，是新时代党领导立法的成功典范，也是党的政治决断、国家意志与人民利益高度统一的体现。《中华人民共和国民法典》编纂是以习近平同志为核心的党中央重大政治决断，是贯彻党的十八届四中、五中全会、党的十九大精神的重要体现，也是新时代党中央对中国人民生活秩序、行为秩序、心灵秩序的一次总体建设。《中华人民共和国民法典》通过后，习近平总书记在中央政治局集体学习上发表重要讲话，对这部法典的地位、性质、重大意义以及如何有效实施等问题进行了深刻、清晰的阐述，对具体实施工作做了严密部署。《中华人民共和国民法典》的施行极大践行了"以人民为中心"的价值方向，它形成了中国人民的基本民事权利清单，促进了中国人权保障事业的发展，尤其是人格权独立成编，不仅在体例上贡献了中国方案，更凸显了人格尊严在中国民事权利中的独立、显著地位。《中华人民共和国民法典》的施行，意味着我们有了民事生活基本秩序，这是在我们自己的国情和社情基础上充分提炼形成的、汲取了新中国民事立法智慧和萃取当下中国民事生活经验的集大成之作，坚定了我们走中国特色社会主义法治道路的信心。

二是进一步巩固了社会主义法治体系的基础。《中华人民共和国民法典》是对我国民事立法、民事习惯和民事生活风貌的详细梳理、总结与提炼，形成了中国人生活的内在意义体系和外在法律概念体系，是对完善的社会主义法律体系尤其是侧重市场经济与社会共同体生活等重点领域立法的完善，也回应了21世纪中国人面对新科技、新业态、新生活模式所形成的集体意识，塑造了我们新的共同生活的信念共识。这必将为进一步的高效法治实施、严格法治监督、有力法治保障和促进党内法规与民事法律协同提供准确依据，为严格执法、公正司法、全民守法提供统一尺度。

三是进一步促进了法治国家、法治政府、法治社会一体建设。习近平总书记深刻指出："严格规范公正文明执法，提高司法公信力，是维护民法典权威的有效手段。各级政府要以保证民法典有效实施为重要抓手推进法治政府建设，把民法典作为行政决策、行政管理、行政监督的重要标尺。"[①] 这一论述极大拓展了我们对传统大陆法系公法与私法性质异同的认识，深化了我们对行政法的法律渊源性质的认识，强化了我们对法治政府与法治社会关系的认识。受大陆法系传统影响，尤其是《法国民法典》《德国民法典》对于形成它们各自市民社会与市民生活的影响，以前我们倾向于认为民法典更多是社会秩序的调控装置，是法治社会建设的部分，是与法治国家、法治政府相区别的自成一体的秩序。但是，当民法典直接成为司法裁判的规则和行政执法的准确依据的时候，法治国家、法治政府、法治社会

① 习近平：《论坚持全面依法治国》，中央文献出版社2020年版，第281页。

就必然会成为一体建设的整体。民法典里包含的大量民事制度和民事权利，是司法机关运用裁判权的依据。公正司法是法治国家的重要标志。人民群众在社会生活中是否依据《中华人民共和国民法典》来定分止争，必然与司法公正有紧密联系，也就是与法治国家建设息息相关。传统观念认为：行政法的法律渊源主要是调整行政组织、行政行为和行政争议的规范集合，民法典里包含了大量的行政法主体、行政行为的制度，例如机关法人制度、国家所有权制度、行政登记制度等，民法典规定的民事权利清单具有防御行政行为的客观功能，行政机关或法律、法规授权组织很多时候都因直接成为民事主体而须遵守民法典。民法典内在的巨大规范包容空间和各种转介条款使得它直接成为行政法的重要渊源，成为法治政府建设的基本准据，更紧密连接了法治政府与法治社会建设互相依赖、互相促进、互相转化的程度和水平。

四是进一步提升了在法治轨道上促进国家治理体系和治理能力现代化的水平。《中华人民共和国民法典》不仅仅是社会生活的百科全书，它也是治国理政的工具箱。它通过法治的逻辑和规则体系提高了国家治理中制度供给能力，有力促进了国家治理现代化。例如，国家治理体系包含着根本制度、基本制度和重要制度等有机部分，构成不同层次，而《中华人民共和国民法典》在物权编的部分对我国的基本经济制度和经济权利进行了规定，并区分了国家所有、集体所有和个体所有，形成了不同的规则，促进了基本制度之下各种具体规则的和谐与协同，巩固了社会主义根本制度的基础。《中华人民共和国民法典》明确的民事权利清单，既对国家机关提出了尊重的义务，产生了防御功能，也是宪法上国家保护义务的具体化，对国家机关提出了给付和保护的重要要求，内在包含着明确性、比例原则、尊重权利核心领域等一系列重大的公权力行使原则，促进了国家治理的理性化。《中华人民共和国民法典》规定的各种主体制度，使得国家、机关法人、自然人、非法人组织等主体既做到了职责上的泾渭分明，也可以通过规则有效合作。《中华人民共和国民法典》还回应了新时代的科技与产业革命的进步与发展，因社会主要矛盾变化而设定的数据权利保护、人格权体系、居住权规范等内容，又使得国家治理能够与时俱进，进一步增强了我们应对、处理新问题的法治能力。

第四章　依法治国的具体实施

——打造高效的社会主义法治实施体系

一、法治实施的基本要求

党的十八届四中全会提出了建设“高效的社会主义法治实施体系”的要求。从学理上看，所谓法治实施，也就是国家的宪法和立法得到良好执行、在实际生活中得到遵守的状态。广义的法治实施体系包括宪法实施与法律实施和守法三个部分，其中法律实施又可以分为执法和司法两个环节。狭义的法治实施体系主要包括宪法实施和法律实施。守法被理解为是对法律的遵守，而不是主动执行或适用。这里主要针对狭义的法治实施概念展开论述。

狭义的法治实施在法治国家中具有重要的意义。正如古人所说，“天下事不难，而难于法之必行”。没有实施，立法就会成为一纸空文，法律就会没有权威，社会民众也就对于守法没有信心。从理论上说，法治实施需要遵循一些基本要求和原则：

第一，坚持宪法至上与宪法权威。2012 年，习近平总书记在首都各界纪念现行宪法公布施行 30 周年大会上的讲话中深刻指出："捍卫宪法尊严，就是捍卫党和人民共同意志的尊严。保证宪法实施，就是保证人民根本利益的实现。只要我们切实尊重和有效实施宪法，人民当家作主就有保证，党和国家事业就能顺利发展。"① 宪法实施是法治实施的根本要求和根本保障，一切立法、执法与司法活动都不能与宪法的要求相抵触、相违背，法律实施必须在宪法规定的框架、轨道和原则下进行，以确保宪法所遵循的是社会主义国家方向。

第二，坚持严格文明公正执法。执法是国家机关（主要是行政机关）积极主动执行法律，追求和实现法律目的的专门活动。执法要与服务相结合，追求严格、文明、公正执法。执法活动要严格，不能选择性执法、随意裁量。在执法的同时，也要注意文明和公正，做到不偏不倚，注意执法方式，创新柔性执法。在执法中普法、服务，要将服务政府建设与政府职能转化等结合在一起，通过严格文明公正执法促进法治政府建设。

第三，坚持公正高效权威司法。法治实施的重要保障是公正高效权威的司法活动。司法经常被认为是社会正义的最后一道防线。司法公正，就是司法活动要中立、公平地对待争议当事人。法官应该严格以事实为准绳、以法律为根据，努力在个案中实现公平正义。同时，司法活动要注意节约社会资源，高

① 习近平：《论坚持全面依法治国》，中央文献出版社 2020 年版，第 9 页。

效解决纠纷，尽量减轻当事人讼累。权威也是司法活动要遵循的原则。由此，司法活动要摆脱不恰当的干预，尤其是行政干预。国家和社会都要为司法以权威性机关的角色解决纠纷营造良好的外部环境。

第四，坚持程序正义与实体正义相结合。法治实施，尤其是法律实施要兼顾程序正义和实体正义，要按照法律本身规定的权限、方式、顺序、时限等要素实施法律，同时也要严格准确适用实体法律，追求法律所设定的目的的实现。在中国传统治国方式里，不够重视程序正义，更多强调的是对以结果为导向的实体正义的追求，结果导致程序性权利遭到漠视、受到侵犯，致使实体正义结果也难以确保。然而，我们也不能片面强调程序正义，认为只要在过程中坚持了正义，结果如何并不重要。这样也会偏离法治实施的轨道，从而失去对法律目的的正当追求。

第五，坚持政治效果、法律效果与社会效果相统一。法治实施所要追求的效果不仅仅是法律之目的本身得到最大程度实现。在我们国家，法律是党的意志、国家意志和人民意志的高度统一：党领导人民立法，因此法治实施也要考虑政治效果，注重实施的政治方式，以符合党的宗旨；同时，不应该将法律效果与社会效果割裂开来，人民满不满意应该成为我们衡量法治实施效果的一个重要标准，社会反响和评价也应该成为我们改进法治实施工作的重要指标。从这个意义上说，法治实施在中国还必须坚持政治效果、法律效果和社会效果相统一的原则。

二、加强宪法实施

（一）习近平法治思想中的“坚持依宪治国、依宪执政”

“坚持依宪治国、依宪执政”是习近平法治思想丰富内涵的重要组成部分。习近平总书记提出，“依法治国，首先是依宪治国；依法执政，关键是依宪执政”“全面贯彻实施宪法，是建设社会主义法治国家的首要任务和基础性工作”[①]。习近平法治思想与宪法在精神实质上是统一的、一致的，这一重要思想包含的一系列关于宪法的重要论述，丰富和发展了中国特色社会主义宪法理论，标志着我们党对于中国特色社会主义宪法道路根本方向与独特优势的认识达到了一个新的高度，对于执政兴国为什么要全面实施宪法以及如何全面实施宪法的认识达到了一个新的深度，是当代中国特色社会主义宪法理论的集大成者。

习近平法治思想深刻阐释了中国特色社会主义宪法道路的根本方向与独特优势。习近平总书记深刻指出，“我国宪法确认了中国共产党领导，这是我国宪法最显著的特征，也是我国宪法得到全面贯彻实施的根本保证”。[②] 坚持党的领导是中国特色社会主义宪法道路的根本方向，中国宪法实施的道路也是中国特色社会主义法治道路的根本体现和具体实现。新中国制宪、

① 习近平：《论坚持全面依法治国》，中央文献出版社 2020 年版，第 10、15 页。
② 习近平：《论坚持全面依法治国》，中央文献出版社 2020 年版，第 214 页。

行宪、修宪的历史告诉我们：宪法实施取得的成就归根结底就是由于我们坚持从自己的国情、党情、社情出发，坚持党的领导，坚定不移探索适合国家需要、符合宪法内在规律的中国特色社会主义宪法道路。这条道路既是“四个自信”的根本制度载体和内容沉淀，展现出了中国宪法的独特优势，也确证和巩固了“四个自信”。

习近平法治思想对于中国特色社会主义宪法道路的独特优势围绕宪法性质优势、内容优势和实践优势进行了深刻阐释。

第一，中国宪法是社会主义宪法、人民宪法，具有性质上的先进性和优越性。与西方现代宪法理论从抽象和虚拟的社会契约出发论证宪法的来源与正当性不同，中国宪法具有高度成熟的历史感和方向感。习近平总书记指出“我们党领导人民制定的宪法，是在取得新民主主义革命胜利、实现民族独立和人民解放、扫除一切旧势力的基础上制定的，在我国宪法发展史乃至世界宪法制度史上都具有开创性意义”[①]。由此可见，中国宪法厚植于民族革命、民主革命和无产阶级革命真实的伟力之中。中国宪法确认了中国共产党领导人民进行革命、建设、改革的伟大斗争和根本成就，奠定了社会主义制度的法治框架，并为改革开放和社会主义现代化建设提供了最深厚的社会共识与坚强保障。习近平总书记进一步论证了宪法的人民性，“我们党是中国工人阶级的先锋队，同时是中国人民和中华民族的先

① 习近平：《论坚持全面依法治国》，中央文献出版社 2020 年版，第 214 页。

锋队，因而能够制定真正意义上的人民宪法”[①]。宪法的实施，坚持了党的领导、人民当家作主与依法治国有机统一，能够全面、真实、有效地体现和维护全体人民共同意志，得到最广大人民拥护和遵行。

第二，中国宪法确立了宪法作为根本法和最高法的地位，具有内容上的完整性和明确性。现代西方宪法文本及实施强调“薄的宪法观”和机械国家观，预设国家与人民的二元分立，看重宪法作为基本权利防御和实现的功能，忽视了宪法对于国家治理和共同体建构的功能。作为根本法，我国宪法确立了人民民主专政的国体和人民代表大会制度的政体，确立了国家的根本任务、指导思想、领导核心、发展道路、奋斗目标，规定了一系列基本政治制度和重要原则，规定了国家一系列大政方针，[②] 建构了完备的基本权利体系和国家机构体系，体现了有机国家观与国家整体治理观。习近平总书记高度论述了宪法作为最高法所具有的权威和尊严：“维护宪法权威，就是维护党和人民共同意志的权威。捍卫宪法尊严，就是捍卫党和人民共同意志的尊严。”[③] 宪法规定了其自身效力至上的法制原则，成为一切国家机关和武装力量、各政党和各社会团体、各企事业组织的根本活动准则。任何组织和个人都不得有超越宪法的特权，一切违反宪法的行为都必须予以追究。

---

① 习近平：《论坚持全面依法治国》，中央文献出版社 2020 年版，第 214—215 页。
② 参见习近平：《论坚持全面依法治国》，中央文献出版社 2020 年版，第 214 页。
③ 习近平：《论坚持全面依法治国》，中央文献出版社 2020 年版，第 9 页。

第三，中国宪法符合国情、符合实际、符合时代发展要求，具有实践上的有效性和指引性。习近平总书记指出，“改革开放四十年来的历程充分证明，我国现行宪法有力坚持了中国共产党领导，有力保障了人民当家作主，有力促进了改革开放和社会主义现代化建设，有力推动了全面依法治国和建设社会主义法治国家。”[①] 同时，宪法充分尊重和保障人权并实现了人民各项民主权利，为改革开放和社会主义现代化建设最大程度凝聚了社会共识。宪法的实施，贯通了中国改革与建设的全过程，取得了巨大成就，向世界展示了中国的制度优势与治理效能。

习近平法治思想中的宪法理论准确揭示了全面实施宪法的战略地位和举措，具体体现在以下几个方面。

第一，全面实施宪法是依宪执政与依宪治国有机统一的必然要求。习近平总书记指出：“宪法是我们党长期执政的根本法律依据”。[②] 我国宪法确认了中国共产党的执政地位，确认了党在国家政权结构中总揽全局、协调各方的核心地位，明确了党的领导是中国特色社会主义最本质的特征、中国特色社会主义制度的最大优势。党带领人民制定宪法、法律，党带头在宪法、法律范围内活动，通过全面实施宪法，不断增强党的领导地位、改善党的执政方式、增强党的执政能力。通过全面实施宪法，实现了党的意志与人民意志的始终高度统一，实现了党对国家的整体治理，实现了依宪治国与依宪执政的有机统一。

---

① 习近平：《论坚持全面依法治国》，中央文献出版社 2020 年版，第 9 页。
② 习近平：《论坚持全面依法治国》，中央文献出版社 2020 年版，第 201 页。

第二，全面实施宪法是推进国家治理体系与治理能力现代化、建设社会主义现代化强国的必由之路。习近平总书记指出，“我们要推进国家治理体系和治理能力现代化、提高党长期执政能力，必须更加注重发挥宪法的重要作用”。[①] 全面实施宪法是推动国家发展进步、保证人民创造幸福生活、保障中华民族实现伟大复兴、确保我们经受住各种困难和风险考验的根本法制保证。在现阶段，推动国家治理体系更加科学、协同、规范，需要明确宪法依据；国家治理能力的合法、高效也需要在宪法上确立根本判断标准，从而实现国家治理现代化有章可循。

第三，全面实施宪法是全面推进依法治国、建设社会主义法治国家的首要任务。习近平总书记指出“宪法是全面依法治国的根本依据”，在建设中国特色社会主义法治体系和建设社会主义法治国家的各个领域与环节都必须强调宪法的根本依据作用，要在党中央领导下，“用科学有效、系统完备的制度体系保证宪法实施”，[②] 确保法治国家、法治政府、法治社会一体建设有共同依据。为此，要通过科学立法具体化宪法，通过严格执法、公正司法、全民守法，把宪法规定的重大制度和基本原则贯彻到全面依法治国的各个环节。

习近平法治思想清晰建构了加强宪法实施监督的整体方案。第一，它严格落实宪法自身有关实施监督的规定。习近平总书记提出，“全国人大及其常委会和国家有关机关要担负起宪法监

---

① 习近平：《论坚持全面依法治国》，中央文献出版社 2020 年版，第 216—217 页。

② 习近平：《论坚持全面依法治国》，中央文献出版社 2020 年版，第 217 页。

督职责”“依法撤销和纠正违宪违法的规范性文件”“要在立法中严格落实一切法律、行政法规和地方性法规都不得同宪法相抵触的规定”。[①] 宪法自身规定了以全国人大及其常委会为监督主体、以监督规范性文件和其他公权力行为为重点的体系。因此，首先需要激活这些规范，以充分实现监督的规范效力。

第二，积极稳妥推进合宪性审查工作。习近平总书记从事前对涉宪性、合宪性问题的审查与备案审查两个层面提出了对合宪性审查工作的基本要求。他提出，“有关方面拟出台的法规规章、重要政策和重大举措，凡涉及宪法有关规定如何理解、如何适用的，都应当事先经过全国人大常委会合宪性审查，确保同宪法规定、宪法精神相符合。”“要健全备案审查制度，所有的法规规章、司法解释和各类规范性文件出台后都要依法依规纳入备案审查范围”。[②]

第三，培育宪法实施的精神土壤。习近平总书记提出，“宪法法律的权威源自人民的内心拥护和真诚信仰，加强宪法学习宣传教育是实施宪法的重要基础”。[③] 对宪法实施的监督不仅仅是法定国家机关的职责，也需要人民在政治生活与经济社会中营造守护宪法的精神氛围，形成宪法监督的深厚社会基础。

---

① 习近平：《论坚持全面依法治国》，中央文献出版社 2020 年版，第 201、206、217 页。
② 习近平：《论坚持全面依法治国》，中央文献出版社 2020 年版，第 206、206 页。
③ 习近平：《论坚持全面依法治国》，中央文献出版社 2020 年版，第 216—218 页。

（二）宪法实施的基本原则

宪法是治国安邦的总章程，是国家的根本法。历史经验证明，中国的现行宪法是一部好宪法，它在最大程度上凝聚了社会共识，不仅对于实现党的领导、人民当家作主和依法治国有机统一奠定了深厚的制度基础，还为我国在依宪执政、依宪治国的轨道上稳步推进改革开放提供了强有力的制度保障。党的十八届四中全会在新的历史高度作出了“坚持依法治国首先要坚持依宪治国，坚持依法执政首先要坚持依宪执政”的重大政治判断。依宪治国关键在于有力推动宪法实施，确保宪法始终成为中国特色社会主义法治道路的根本指引，成为全面深化改革的基本制度框架和依据，成为党、国家和社会的普遍共识。在中国实施宪法，首先要遵循我国宪法本身蕴含的基本原则：[①]

第一，坚持党的领导。这是最高政治原则，也是宪法的生命和灵魂所在。宪法序言明确了中国共产党的领导地位。我国宪法第一条规定了中国共产党的领导是中国特色社会主义的本质特征。党的十八届四中全会指出，党的领导是中国特色社会主义最本质的特征，把党的领导贯彻到依法治国全过程和各方面，是我国社会主义法治建设的一条基本经验。党的领导与宪法权威具有内在的一致性：宪法赋予了党的执政地位，为党的领导和活动奠定了最坚实的基础；党的领导不断丰富着宪法实

① 参见《宪法凝聚共识》，《求是》2014 年第 24 期。

践，完善着宪法制度，提高着宪法的权威。认同宪法、遵守宪法就必须增强政党认同，必须坚持党在依法治国中总揽全局、协调各方的地位，将依法治国和依法执政有机统一起来。因此，宪法的内容设定，也必须突出政党认同的价值目标，通过各种形式生动地展示党的领导、依法治国与人民当家作主的有机统一与强大生命力。

第二，坚持中国特色社会主义道路。中国特色社会主义法治道路是全面推进依法治国的根本方向。现行宪法为这条道路提供了最基本的共识：我国宪法序言和第一条明确了中国共产党的领导地位，为中国特色社会主义法治道路提供了根本保障；我国宪法序言通过设定指导思想、基本原则和国家目标，确立了中国特色社会主义法治理论体系的基础；我国宪法规定的人民代表大会制度的根本政治制度、中国共产党领导的多党合作和政治协商制度、民族区域自治制度以及基层群众自治制度等基本政治制度以公有制为主体、多种所有制经济共同发展的基本经济制度，确立了中国特色社会主义法律制度的基本内容。我国宪法第二章确立的国家尊重和保障人权原则以及公民各项基本权利和第三章规定的国家机构性质、地位、职权等内容，共同为实现国家治理体系和治理能力现代化提供了价值目标与具体要素。

第三，坚持宪法权威地位。我国宪法序言中明确指出："本宪法以法律的形式确认了中国各族人民奋斗的成果，规定了国家的根本制度和根本任务，是国家的根本法，具有最高的法律效力。”我国宪法第五条进一步确立了法治国家原则：“一切法律、行政法规和地方性法规都不得同宪法相抵触。一切国家机关和武装力量、各政党和各社会团体、各企业事业组织都必须遵守宪法和法律。一切违反宪法和法律的行为，必须予以追究。任何组织或者个人都不得有超越宪法和法律的特权。”因此，认同宪法就必须认同宪法具有的最高权威和法律效力。任何人不得有超越宪法的行为，任何社会利益的调整、改革方案的厘定也不能违背宪法的精神与原则。

第四，坚持和完善国家制度与国家法律体系。我国宪法第二条即明确“中华人民共和国的一切权力属于人民”，同时规定了国家通过人民代表大会的根本政治制度组建国家机构，遵循民主集中制行使国家权力。在中央和地方的关系上遵循中央统一领导下，充分发挥地方积极性、主动性的原则。因此，我国宪法通过国体、政体和国家结构形式的制度设计作出了符合中国国情的政治安排，打造了统一的国家制度。维护国家统一和宪法政治制度的有效性是公民的基本宪法义务，也是培养对宪法的感情与认同的基本要求。习近平总书记指出：“中国特色社会主义国家制度和法律制度是在长期实践探索中形成的，是人类制度文明史上的伟大创造。中国特色社会主义国家制度和法律制度需要坚持好、实施好，也需要不断完善和发展。我们要在坚持好、巩固好已经建立起来并经过实践检验的根本制度、基本制度、重要制度的前提下，坚持从我国国情出发，继续加强制度创新，加快建立健全国家治理急需的制度、满足人民日益增长的美好生活需要必备的制度。”①

第五，坚持中华文明与人类文明命运共同体意识。我国宪法序言指出，中国是世界上历史最悠久的国家之一。中国各族人民共同创造了光辉灿烂的文化。这意味着我国宪法包含着对中国文明具有连续性、整体性的基本判断和认同。宪法意义上的中国不仅是一个政治国家，也是一个文明国家，不仅是靠现实的政治制度连接的利益共同体，也是依靠共同的历史记忆和文化心理组成的价值共同体、命运共同体。我国宪法序言同时指出，中华人民共和国是全国各族人民共同缔造的统一的多民族国家，并在公民义务部分规定了中华人民共和国公民有维护国家统一和全国各民族团结的义务，这些都是宪法维护文明的整体性与连续性的重要制度安排。因此，维护宪法尊严就必须增进国民的文明认同，增进“一部宪法，一个文明，一个命运”的生命体验。我们必须创造出更多增进文明认同的形式和途径，让宪法成为民族团结、族群融合的共识平台。同时，我国宪法序言也规定了“人类命运共同体理念”。宪法实施必须能够有效促进中华文明和人类文明的共同体理念，才能形成文化认同、文明认同。

为了顺应时代发展，回应社会问题，现行宪法先后于1988年、1993年、1999年、2004年和2018年进行了局部修改，一共形成了52条宪法修正案。其中，有很多修正案都对中国的国

① 习近平：《坚持、完善和发展中国特色社会主义国家制度与法律制度》，《求是》2019年第23期。

家发展与改革开放产生了重大积极作用与影响。例如，1988 年修宪确立了私营经济的合法地位和农村集体土地使用权流转制度。1993 年修宪确立了社会主义初级阶段理论和建设有中国特色社会主义理论的宪法地位；将农村集体经济明确为家庭联产承包为主的责任制；建立社会主义市场经济制度；县级人大代表任期由三年改为五年等。1999 年修宪将邓小平理论明确为国家指导思想，进一步明确了非公有制经济的重要地位等。2004 年修宪将“三个代表”重要思想明确为国家指导思想；写入了“国家尊重和保障人权”原则；进一步明确了合法私有财产权的宪法地位；实行土地征用制度；建立社会保障制度；将戒严改为紧急状态；乡镇人大代表选举由三年改为五年等。

这里着重介绍一下 2018 年的宪法修改，因为这是进入新时代后，以习近平法治思想为指导、贯彻落实党的十九大精神的一次重大宪法修改。从学理和实践上来观察，2018 年的宪法修改具有重大的意义。

第一，2018 年的宪法修改是对改革开放 40 年来的成功经验的总结、提炼，使得一些重大的成就上升为国家根本法。改革开放 40 年来，中国特色社会主义制度取得了举世瞩目的成就，形成了党和国家治理的中国经验、中国话语和中国方案。我们需要对之进行有效概括和总结，并通过写入宪法使其取得法律效力，从而更好指引国家发展。

第二，2018 年的宪法修改是进入新时代全面推进依法治国新的顶层设计，致力于进一步推动国家治理体系和治理能力现代化。2018 年的宪法修改的背景不仅仅是回望过去，也在于聚焦当下。党的十九大报告提出，中国进入了新时代，我们形成了习近平新时代中国特色社会主义思想，社会主要矛盾也发生了变化。从历史方位看，新时代也是离中华民族伟大复兴最近、并将实现民族伟大复兴的历史时期。为了完成这个历史任务，全面推进依法治国也需要新的顶层设计，需要有新的指导思想、国家根本任务与目标，尤其是需要进一步坚持和加强党的全面领导，形成更加统一高效权威的国家机构，推动国家治理体系和治理能力现代化。这也要求宪法的制度设计必须作出相应调整，以因应新时代的需要。

第三，2018 年的宪法修改为未来中国人民不断增进福祉和中华民族永续发展提供了源源不断的制度动力。宪法修改不仅着眼于对过去经验的总结和对当下问题的解决，也要为未来国家发展与制度完善提供根本法的平台。对于实现国家统一与国家认同，探索党领导人民依法治国的具体实现形式等问题，也必须通过宪法修改奠定基础和方向。

宪法是治国的根本重器，不能朝令夕改或随意修改，而是要遵循一些基本的、重大的客观原则。从宪法学原理来看，2018 年的宪法修改体现了如下原则。

一是坚持党对宪法修改的全面领导。中国宪法是中国共产党领导全国人民制定的，中国特色社会主义的本质特征就在于党的领导。党领导人民制定、修改、实施宪法，也模范带头遵守宪法，坚持依宪执政。党的领导是确保宪法修改处在正确道路、方向，保持社会主义性质的根本政治前提。历史证明，中国共产党也是推进宪法完善、增进宪法权威的根本动力。党对宪法修改的全面领导体现在程序和内容两个方面：在程序上，第十九届中央委员会第二次全体会议专题讨论了宪法修改，并以中央委员会的名义向全国人大常委会提出了宪法修改建议，这体现了党对于宪法修改程序启动的把控力和决定力；在内容上，2018 年的宪法修改坚持以习近平新时代中国特色社会主义思想为指导，落实了十九大报告中关于坚持党的全面领导、以人民为中心、加强党对国家机构的监督与自我监督、推进合宪性审查等一系列重要内容，是党的意志与国家意志的高度统一。

二是坚持从中国国情出发、实事求是的原则。宪法修改是各国或一国在不同发展阶段都会遇到的要求，但没有一个国家有固定的理想的宪法内容与模式，一个国家在不同的历史发展阶段，其社会主要矛盾与国家发展目标也不尽相同。因此，宪法修改必须实事求是，注重从现实国情出发。2018 年的宪法修改体现和坚持了这一原则。例如，在推进合宪性审查的问题上，没有盲目因袭大陆法系或英美法系的成例，而是坚持人民代表大会制度的根本政治制度，在宪法本身容许的框架内进行制度设计。

三是坚持在法治的轨道上进行宪法修改的原则。宪法修改既是重大政治决断，也是一项严肃的法律活动，我国宪法第六十四条对于宪法修改本身的程序就进行了规定。2018 年的宪法修改严格按照法治本身的程序稳步推进，使得从宪法修改议案的提出到对宪法修正案草案进行审议，再到表决、通过、公布的全过程和环节都在人民代表大会制度规定的程序之下进行，符合法治本身的要求。

四是坚持宪法本身内在规律和客观标准的原则。宪法修改必须体现宪法自身的内在规律和科学精神。2018 年的宪法修改从现行宪法的内在要求出发，尊重宪法自身发展的规律，坚持小修和局部修改，可以通过宪法解释完成的任务就不修改条文，保持了宪法所需要的基本的稳定性和权威性。

2018 年的宪法修改一共形成了 21 条修正案，主要集中在序言、总纲和国家机构三个部分。在修改技术上包括“做加法”“做减法”和“局部调整”三种。这里着重对一些重大问题和亮点进行简要介绍。

在序言部分中，首先增加了新的指导思想。2018 年的宪法修改明确了“科学发展观”与“习近平新时代中国特色社会主义思想”为新的宪法指导思想。中国共产党是强调重大意识形态和理论创新的执政党，在宪法上写入凝聚全党全军全国各族人民最大共识的指导思想是我们的惯例，也是宪法的生命力所在。尤其是党的十八大以来，以习近平同志为核心的党中央带领中国人民取得了历史性成就，创立了习近平新时代中国特色社会主义思想，这对于保持宪法的生命力和科学性起到了根本作用。

其次增加了新的国家根本任务与目标。在国家根本任务部分中，在政治文明建设、物质文明建设和精神文明建设之后又增加了“社会文明”和“生态文明”建设两个部分，增加“新的发展理念”作为国家建设任务需要贯彻的重要精神，在国家目标中相应明确为“建设富强、民主、文明、和谐、美丽的社会主义现代化强国，实现中华民族的伟大复兴”。此外，2018 年的宪法修改了统一战线的有关表述，增加了“拥护中华民族伟大复兴的爱国者”与“拥护祖国统一的爱国者”和“拥护社会主义制度的爱国者”共同作为统一战线的重要内容；修改了民族政策的有关表述，明确了新时代民族政策致力于平等团结互助和谐的新型关系建设；修改了外交政策和国际战略的有关表述；提出了参与全球治理、构建人类命运共同体的重要战略思想。

在总纲部分中，首先在第一条增加了一款“中国共产党的领导是中国特色社会主义最本质特征，禁止任何组织与个人破坏社会主义制度”。该条修改对于坚持和加强党的全面领导、明确社会主义的中国性质具有重大作用和意义，是最大的实事求是。

其次，在第 27 条增加了一款“宪法宣誓制度”。明确国家公职人员在就职前需要向宪法宣誓。该条增加的内容是文化软实力建设，对于增强宪法权威、进行深刻宪法教育具有重要作用和意义。此外，还增加了社会主义核心价值观作为精神文明建设的重要内容。

在国家机构部分中，首先，在全国人大工作程序部分，将专门委员会之一法律委员会改名为“宪法与法律委员会”。这个修改对于推进合宪性审查、增强宪法权威与实施效果具有重要意义。

其次，将国家主席部分“国家主席、副主席连续任职不超过两届”予以删除。这对于改善党和国家领导、增强中央集中权威领导、巩固“三位一体”制度具有重大意义与作用，对于中国保持最高权力和平稳定交接具有重要意义。

再次，增加了一节和11个条文，详细规定了国家监察委的地位、性质、组成、任期、工作原则、工作机制等内容。这一修改对于党的自我监督与对国家权力的监督，实现反腐败全覆盖具有重要意义，也为国家监察法的制定与实施提供了宪法依据。

（三）加强宪法实施的途径

1. 厚植宪法实施的精神土壤：以设立国家宪法日为典型①

宪法的有效实施首先需要制度性保障，如高效的宪法解释机制与有力的宪法监督机制。然而，机制、程序与措施能否真正有效运转，不仅仅取决于国家机构维护宪法、遵守宪法的行为，更取决于宪法是否真正成为国家和社会深厚的精神文化，取决于国家公职人员与社会民众是否真正将宪法奉为共同体生活的最高规范，取决于人民是否愿意真正守护宪法、拥护宪法、践行宪法，让宪法成为价值判断与行动选择的主要依据，成为

① 参见王旭：《宪法凝聚共识》，《求是》2014年第24期。

全社会的共识。

《中共中央关于全面推进依法治国若干重大问题的决定》指出，将每年12月4日设定为国家宪法日。十二届全国人大常委会第十一次会议随后也以决定的形式确立了这一制度安排，赋予了国家宪法日以正式的法律效力。应该说，这正是党的意志通过法定程序转化为国家意志的生动体现，是党培育依宪治国精神土壤、提高宪法实施文化软实力和建构国民尊崇宪法、敬畏宪法心灵秩序的深远努力。

从历史经验来看，依宪治国的精神土壤至关重要。以我国现行宪法为例：在其全面修订的过程中，就十分注重培育取得最大程度认同的观念土壤。1982年4月，五届全国人大常委会第二十三次会议决定公布宪法修改草案，向全国人民征求意见。征求意见阶段历时4个月，累计1亿人参加。征求意见的前两个月，全国人大常委会就收到各方来信1538封。正是通过这种参与讨论、参与修宪的最高政治生活形式，全国人民对于新的历史条件下现行宪法在拨乱反正、确立公民基本权利和国家机构权力边界、组织国家正常有序的政治生活等方面有了切实了解与感受，激发出了全国人民尊重宪法、维护宪法的热情。现行宪法能够为中国40多年的改革开放提供最基本的法治框架，能够在改革的过程中对于协调日益多元的利益、化解日益复杂的矛盾提供基础共识，应该说，与这种精神土壤的培育密不可分。设立国家宪法日，正是一种通过特定的时间、场景和仪式来培育宪法精神土壤的重要制度设计。

一个国家的制度，归根结底是由这个国家自身的历史传承、文化传统、经济社会发展水平决定的。因此，我国设立国家宪法日自然有自己的法理考量和内容设定。从根本上说，设立国家宪法日是我国宪法实施的一种方式，它是通过不断展现宪法体现的中国特色社会主义法治道路共识来实施宪法，也是通过中国宪法生活的仪式、场景和程序来不断凝聚共识，增进国民对宪法内容的认同来实施宪法，从而确保宪法在全面深化改革的过程中始终成为社会多元利益的底线共识，在保障公民权利和约束国家权力的过程中始终成为国家的最高规范。

设立国家宪法日，有利于体现宪法确立的中国特色社会主义法治道路。以宪法为核心的中国特色社会主义法律体系，为中国 40 多年的改革、发展、稳定提供了最基本的法治共识。这些宪法成就需要通过特定的仪式和场景让人民感受、体会，知晓宪法对于政治清明、经济发展、社会和谐、文化繁荣、生态文明提供的国家基本制度保障，从而增强人们对中国特色社会主义法治道路的信心，更好为全面深化改革和全面推进依法治国凝聚共识，提供宪法需要的权威和引领作用。

设立国家宪法日，有利于体现宪法确立的人权保障和法治原则。宪法日是公民基本权利清单的展现日，也是国家作出重要的宪法解释、宪法监督、纠正违宪行为等刚性制度的契机。宪法为多元利益和价值的社会凝聚共识，归根结底取决于它对每一个公民权利的有效保障和对违宪行为的坚决纠正。宪法日的设定，正是通过实实在在的宪法行动，为广大人民群众进一步扩大共识、凝聚共识创造条件，确保宪法成为多元利益与价值的社会底线共识。

宪法的生命在于实施，宪法的权威也在于实施。宪法实施需要不断增强宪法蕴含的基本共识并创造实现共识的机制和途径。宪法日的设定正是一个重要的方案。只有宪法真正成为社会的基本共识，依宪治国才能真正成为国家长治久安的方略，为人民提供永久的福祉。

2. 夯实宪法实施的制度屏障：以完善宪法解释程序机制为典型①

加强宪法实施，既需要以设立国家宪法日为代表，注重宪法精神土壤的培育，形成良好的宪法文化，也需要加强制度建设，促进宪法实施的各种方式落地。宪法解释是宪法实施的最重要的方式，它是指有权机关按照法定程序对宪法文本的条款、规范的含义作出具有法律效力说明或阐释的活动。有效运用宪法解释，能够避免宪法的频繁修改，能够促进宪法与时俱进、适应社会需要，也能够更好将抽象的宪法表述转化为具体判断，适用于具体情境。宪法解释工作最重要的是完善它的工作程序机制。党的十八届四中全会明确提出“坚持依法治国首先要坚持依宪治国，坚持依法执政首先要坚持依宪执政”，并指出完善以宪法为核心的社会主义法律体系的一个重要举措就是“健全宪法解释程序机制”。只有建立具有可操作性的程序机

① 参见《健全宪法解释程序机制须重视“制度存量”》，《学习时报》2015年8月20日。

制，宪法解释才能充分发挥对宪法规范含义进行阐明甚至发展宪法的重要作用，我国的宪法也才能真正在全面深化改革的进程中成为社会凝聚共识、定分止争的最高规范，进而在全面推进依法治国的实践中始终保持对立法、司法和执法的引领地位。

完善宪法解释程序机制的基本途径是从既有的宪法、法律文本的依据出发，包括我国宪法、《中华人民共和国立法法》《中华人民共和国全国人大常委会议事规则》等，尊重已经形成的“制度存量”，释放现有文本确立的制度空间，领会其背后的基本逻辑，形成渐进的、良性的制度变迁。在此意义上，宪法解释的基本程序设计应在如下制度框架下进行。

第一，坚持全国人大常委会宪法解释的法定地位。机制的核心在权力，明确有权机关是健全宪法解释程序机制的逻辑起点。我国宪法第六十七条明确了全国人大常委会是宪法解释的机关。因此，相关的程序机制设计必须围绕全国人大常委会的基本工作程序展开，即在提案审议制的框架内进行。全国人大常委会之内专司宪法解释的工作机构应该保持人员的独立性和专职性，具体可考虑由四类人单数构成：第一类是党政机关领导，进行政治决断与考虑；第二类是具有职业声望和良好业绩的法官，可以通过遴选的方式从司法机关选入；第三类是宪法学研究的资深权威专业人士；第四类是具有一定职业年限与良好业绩、口碑的资深律师。

第二，建立严宽适度、多元灵活的启动程序。宪法是国之重器，是共同体生活的根本规范。对宪法提出解释请求，是极其严肃的政治行为，既不能失之过严、让启动成本过高，也不能失之过宽、让程序启动过于频繁。从启动程序的具体内容来看，应包括事由（判断能否提起宪法解释的标准）和方式（由谁、如何提出）两个法律要件。

关于启动事由，《中华人民共和国立法法》对于法律解释的启动标准作出了两个基本规定。在此基础上，我们可以进一步提出宪法解释启动事由的如下标准：一是宪法规范的含义不明确且已经影响到宪法实施，例如我国宪法第 9 条规定的“自然资源的国家所有”是否等于“全民所有”、具体的权能有哪些、界限又在哪里。二是社会变迁导致需要对宪法规范的含义作进一步说明或发展。例如我国宪法第 10 条规定，“城市土地属于国家所有”，但何谓“城市”，今天城镇化背景下的“城市”与几十年前显然不一样。三是紧急状态或过渡状态下须通过解释维护宪法秩序的情况。

如何设计启动方式也需要我们回到既有的制度存量。全国人大常委会作为民主议事机关，其工作的基本逻辑是提案—审议制。《中华人民共和国立法法》和《中华人民共和国全国人大常委会议事规则》都规定了特定的提案主体，应该仍然赋予它们提出宪法解释议案的权力，宪法解释本质上也应该通过规范的提案方式启动。同时，《中华人民共和国立法法》就法规、规章的审查也规定了全国人大常委会之外的五个主体要求启动以及公民、法人和其他组织可以建议启动的程序。这些制度存量可以一并转化为以全国人大常委会为核心的宪法解释启动方式：一方面，委员长会议、各专门委员会、若干名全国人大常委会委员联名，提出专门的议案，针对事关改革发展与稳定的重大事项进行主动的宪法解释。另一方面，国务院、中央军委、最高人民法院、最高人民检察院、省级人大常委会也可以根据需要按照特定标准，向全国人大常委会提出宪法解释请求。尤其需要指出的是，虽然“两高”不具有宪法解释权，但应该重视它们通过个案中的转送程序将普通案件审理中产生的宪法解释需求反馈到全国人大常委会。宪法解释与法律解释最大的一个相同之处就在于“事实的相关性”，只有在具体个案中才能产生最大的解释需求。同时，对于建议启动程序，公民、法人或其他组织向全国人大常委会提出审查建议时，也必须满足“穷尽相关法律救济”和“与自身有法律上的利害关系”的标准。

新修订的《中华人民共和国立法法》第101条规定，全国人民代表大会有关的专门委员会和常务委员会工作机构应当按照规定要求，将审查、研究情况向提出审查建议的国家机关、社会团体、企业事业组织以及公民反馈，并可以向社会公开。这显然明确了一种“回应型法治”的基本模式。根据此制度的逻辑，宪法解释的启动意见或建议也可以向提出主体乃至社会进行反馈、公开，以确保宪法实施建立在最广泛共识的基础之上。

第三，建立以审慎论证为核心的审议和通过程序。全国人大常委会对宪法解释草案的提出、审议、表决和通过都应该建立在审慎论证的基础上。要充分体现出“法治是一种理由之治，而不仅是一种规则之治”的现代思考。为此，应着重做好如下三项程序安排。

一是解释意见书和理由书的撰写。宪法解释草案的通过应该类似修改宪法的要求，以全国人大常委会全体委员三分之二多数为通过。但在这个过程中，不仅仅要体现“多数人意志”，更要体现真正的公共理性，使得解释方案符合宪法的根本正义精神。为此，在这个过程中，要撰写解释意见书和理由书，并可保留个人不同意见，该决议最终应以全国人大常委会的名义发布。

二是言辞规则的使用。民主政治离不开言辞规则，以听证、陈述理由、听取意见、辩论为特征的言辞规则应充分运用到对宪法解释草案的审议之中。宪法规范具有高度的抽象性，是对国家政治、经济、文化、社会生活中最重大、根本利益的确定或调整，因此对其的解释不可能不产生分歧。在这种情况下，应通过言辞规则的使用，让各种观点得到充分碰撞、激浊扬清，保证最终解释方案的公共性和正义性。

三是协商沟通规则的使用。我国宪法序言最后一个自然段规定了各个国家机关都应负有维护宪法秩序的职责。因此，在具体形成宪法解释草案与决议过程中，应建立全国人大常委会与其他国家机关之间充分协商、沟通、论证的机制，以真正实现宪法解释所要求的共识。

三、执法体系完善与执法能力提升

（一）执法体系与执法能力存在的问题

第一，执法不作为与执法不严现象在一定范围内仍然存在。不依法行政的典型行为包括行政执法事实认定不清、证据不足、行政不作为、违反法定程序、超越法定职权、滥用自由裁量权等。但在实践中，不少地区和部门没有完全做到“法定职责必须为、法无授权不可为”。不作为、乱作为、慢作为现象不同程度存在。个别部门选择性执法、弹性执法，自由裁量权过大。根据笔者 2017 年在北京某区所做的调查，42％的受访人群表示，本区内依法行政的总体状况不佳，特别是超过六成的受访群众表示本区最为严重的问题在于“执法不严”。

第二，执法权力清单不明确、职权交叉、分段执法等问题突出。2015 年 3 月，中共中央办公厅、国务院办公厅印发了《关于推行地方各级政府工作部门权力清单制度的指导意见》，正式开始推送“权力清单”制度。尽管各部门的执法范围和职能都由上级及编制部门审核确定，但由于部门利益驱动，在实际运作中，职能交叉、关系不顺的现象依然存在。相关部门之间执法协调不够，既有部门配合不到位、执法力量不足的原因，也有行政立案标准和公安机关受案标准不统一的机制障碍。比如，对于有的案件，行政执法部门认为达到追究刑事责任的标准了，于是便移送公安部门进行刑事侦查，但公安部门按照本机关的立案标准认为证据不充分，不符合立案标准，无法接收，于是就造成了“行刑”衔接不畅。2015 年以来，笔者在调研中发现，行政部门内部或者多个行政部门之间职权不清、职权交叉的现象始终存在。例如，某区财政局的行政执法科室监督检查科和政府采购办两个科室的职权长期交叉；某区食药局对于无照无证的处罚与区工商局之间存在职权问题，虽然现在是“先照后证”，但是发现问题有相互推诿的现象；某区文化委与区城管局对于街头摆摊卖图书、音像制品的游商都有权进行行政执法，职权交叉重复。而对伪基站、非法电台、医疗广告等违法行为的查处，文化部门在技术手段、专业人员上很难达到要求。

此外，实践中，行政执法还存在严重的分段执法和“铁路警察各管一摊”等现象。例如，对于无准运证件运输垃圾、渣土、砂石、土方、灰浆等流体、散装货物的情况，运输上述物品不符合要求，泄漏遗撒、运输车辆车轮带泥行驶，无证照经营出租汽车（含旅游汽车）等违法行为，有的地方性法规虽然赋予了城管部门执法的权力，但没有赋予其拦车的权力，导致上述执法行为存在事实上的困难。

第三，部分部门执法量偏低。执法量是考察政府部门依法行政的重要指标，积极主动地行使权力以及发现问题和打击违法活动，是依法行政的重要体现。在实践中，有些部门尤其是主要以其他政府部门作为执法检查对象的单位执法量偏低。比如，某省某地级市的税务局从 2012 年至 2016 年共立案 36 起、结案 36 起；经信委在 2016 年没有作出行政处罚；财政局 2019 年全年共办理行政处罚案件 6 件，处罚种类为警告和罚款。如何促进执法单位主动行使权力、主动检查、积极执法，是当前提升执法能力急需解决的问题。

第四，联合执法机制不健全。在实践中，个别行政执法部门主动执法意识还不够强，尤其是在职权交叉领域存在多一事不如少一事的想法或存在被动执法的情况。对于一些涉多部门管理的事项，有利益抢着作为、无利益互相推诿，导致开墙打洞整治、违法建设拆除等涉及多部门的问题成为老大难问题。还有一些部门在职权交叉领域集中体现在和各执法部门和公安机关的配合中，比如食药部门、环境监察部门、工商部门、城管部门，在日常执法中均需要公安机关配合。公安机关是政府的一个职能部门，依法管理社会治安、行使国家的行政权，同时，公安机关又依法侦查刑事案件，行使国家的司法权。各部门在执法过程中需要公安机关对相关违法人员采取强制措施或展开相关的搜查活动。比如，笔者在调研中就发现，某市在查处非法钓鱼、游泳、河道烧烤等违反区政府通告的行为时，只有检查权而没有执法权，只能配合城管等部门对违法行为进行劝阻，不能够有效地处理此类案件。亟须进一步完善各执法部门的信息沟通，联合执法机制。

第五，执法过程中重实体，轻程序。国务院《全面推进依法行政实施纲要》提出，行政机关实施行政管理，应当“严格按照法定程序行使权力、履行职责”“完善行政决策程序”，依法行政包括“程序正当”的基本要求等。可见，行政管理、行政执法程序在建设法治政府中是一项不可或缺的重要内容。执法程序的严谨和合法性是保证执法结果合法合规的重要前提。行政机关在执法过程中，重实体、轻程序的观念根深蒂固，一线执法人员没有完全树立正确的正当程序理念。一线执法人员人数多，行政执法能力参差不齐，但又是执法的主力，因此，全面提高一线执法人员的执法水平，树立程序正当的执法理念刻不容缓。

（二）执法体系完善与执法能力提升的路径

第一，明确执法任务，在执法中服务。目前存在的对简政放权的错误认识以及相关职能边界不清的现象，都是由于没有从分析某一个具体任务究竟应该由政府还是由市场、社会承担以及究竟由哪个政府部门来承担所导致的，这也导致了部门利益中心化的出现。为此，可以借鉴上海、浙江杭州等地做法，建立“任务清单”作为“权力清单”的前提，先明确政府需要承担哪些任务，然后将这些任务从专业性与效率的角度配置给具体部门，再形成为完成任务而需要的权力清单。要按照“政企分开、政资分开、政事分开、政府与社会中介组织分开”的总体要求，抓住人民群众满意不满意这条主线，切实把政府职能转变到市场监管、社会管理和公共服务上来。要遵循高效便民的要求，科学设定审批流程、事项办理期限，优化便民举措，为行政相对人提供优质的服务，把执法、服务与监管有效结合在一起，在执法中服务、在服务中执法。

第二，探索建立科学的执法体制，促进积极规范执法。在政府职权范围内，最大限度理顺行政执法体制，合理界定执法权边界并建立管辖争议解决机制。按照“权力配置就近原则”的要求，督促职能与执法对象最接近的机关来行使执法权；按照“权力配置专业原则”的要求，由最具调查优势与判断优势的行政机关来行使执法权，并在环境保护、食品安全领域等专业性较强的执法领域明确最具专业知识的机关来行使执法权，其他相关部门则予以配合或协调；按照“权力配置经济原则”的要求，执法权的配置应该尽量节省公共成本，无须增加新的编制、预算，让最有现实基础的行政机构行使相应的执法权。为此要积极落实“两法”衔接机制，对危害营商环境、破坏环境的违法行为，符合刑事立案标准的，有关机关应及时依法移送。要加强执法争议的协调，明确职责归属，提高执法工作效率。加强执法队伍能力建设，要坚持公开、公正、透明、阳光执法的宗旨，继续推进解决有法不依、执法不公，行政不作为，权责不统一、多头执法等问题，充分运用网格化、智能化监管手段，加大执法力度，让人民群众真切感受到法治政府建设的成效。

第三，全面落实行政执法责任制，促进积极执法、主动执法。规范行使行政自由裁量权，制定执法手册和指南。要按照执法程序，进行全过程的裁量权控制，提示执法人员存在哪些滥用裁量权的风险、执法过程中有哪些需要考虑的因素和哪些不能考虑的因素、如何处理本行政执法领域常见的疑难复杂案件以及如何与执法相对人进行沟通。

第四，完善执法程序。坚持执法过程公开和说理充分。执法机关应当做到执法依据、执法掌握的事实、执法理由、执法结果、救济方式的全公开；对违法事实执法机构必须通过解释法律、出示证据和选择具体执法手段说明理由，让当事人理解、接受。创新执法方式，推动柔性执法。要打破“执法即处罚，执法即强制”的误区，推行说服教育、劝导示范、行政指导、行政协商、行政奖励等柔性手段，多运用激励和劝说的方式达到执法效果，如建立行政指导的执法机制，对市场经营主体提供合法性与合规性的帮助和指导，引导经营主体主动规避市场和法律风险，对于有违法苗头的经营主体进行约谈，并提出整改建议。

四、公正司法与司法能力的现代化

公正司法是党的十八届四中全会明确提出的全面推进依法治国的要求，也是党的十八届三中全会提出的全面深化改革的重要内容。公正司法要求司法能力的现代化，也就是法官职业群体在一个良好的司法环境中，通过优良法律思维和职业伦理养成，积极培育司法公信力，最终实现司法公共理性的能力。我们可以从以下几个方面对公正司法与司法能力的现代化进行展开：

第一，公正司法与司法能力的现代化需要优良的司法环境。党的十八届三中全会抓住了“司法责任制”的牛鼻子，以司法规律导向作为改革重点，围绕破除司法行政化和地方化两个重点方面，改革和建立了一系列制度，例如法院、检察院体制在财政、人事上的“省级统管”，建立省级垂直的法官、检察官职业遴选委员会；实行法官员额制，建立法官、法官助理、司法行政辅助人员的职业分类制度，确保司法审判力量的精英化。为破除地方化，在省级人民法院设立跨行政区域的中级人民法院审理重大民商事案件等；为破除行政化干扰，在法院改革建立起“以审判为中心”“让审理者裁判、让裁判者负责”的基本思路，不断优化对案件事实认定、司法裁量权的运用。对于干预案件的领导干部，采取记录在卷、责任倒查、终身追责等重要措施。

第二，公正司法与司法能力现代化必须建立在准确理解和锤炼法律思维的基础上。司法活动是在特定思维支配下开展的职业活动，经过相当长的人为训练才能培育出法律思维。所谓法律思维，是法律人在职业活动中运用的特定思维方式、思维工具与思维取向的总称。[①] 它是保证法律活动专业化与职业化的关键。法律活动之所以可以成为一个固定的职业，关键一点就是从业者本身有一套不同于其他职业或群体思维的方式。如果

① 参阅郑永流：《法律方法阶梯》，北京大学出版社 2015 年版；郑永流：《法学野渡》，中国人民大学出版社 2010 年版。

没有思维方式的专业化，则这个活动不可能根据一定的规则建立成独立的职业。法律思维也是落实法律要求、按照法律的规定正确裁判的关键。不管是成文法还是判例法国家，法律都需要经过运用而变得有效。那么，运用的过程就是展现法律思维的独特轨迹的过程。如果没有与法律本身的要求相一致的思维方式与思维工具，则不可能按照法律的精神和要求来正确裁判。法律思维还是抵抗强权和任性的前提。独立的法律思维能够在智识和体制上确保法官审判的独立和正当。如果我们没有独立的法律思维，则法治很容易成为领导意志干扰的对象。

第三，公正司法与司法能力现代化还取决于在个案中努力追求公平正义，展现出司法的公共理性与公信力。个案公正是司法公正的载体。正如最高人民法院院长周强所说，司法公信力要靠一个个具体案件的公正审判来积累。没有不弃微末的司法实践，法律与正义的阳光就无法照进现实。正因如此，近期包括错案追究、大要案开庭等在内的诸多司法活动才更加会引起社会的广泛关注和殷切期待。同时，我们也看到，司法裁判作为一种公共平台，正在通过公开、理性的法治力量为社会厘定正义的准则，切实保障司法活动中当事人的权利。这种建立在法治思维与法治方式基础上的公共理性，是当下中国社会弥足珍贵的价值资源。

司法的公共理性首先表现为个案裁判程序和结果的公正，它本质上是一种建立在司法权威基础上的公共说服力，是理性的证明和运用。法律之所以在现代社会成为社会治理最重要的工具，不仅因为其强制力，更重要的是其说服力。在理性分析证据、正确解释法律和排除意志、权力及其他非理性因素干扰的基础上，法理才能直抵人心，让当事人和民意心悦诚服。司法的公共理性，最终表现为司法公信力的建立。个案正义所累积的效应，是对具体案件的定分止争和对当事人权利的保障，同时其意义最终又超出了个案，成为培育人民公正感的重要契机，引领甚至塑造着社会的主流正义观。法治社会的建立和依法办事自觉性的养成，归根结底取决于人民是否能有效建立起公正感、是否对公正抱有期待、是否信任通过法律治理社会的机制。这离不开司法裁判的示范效应，也离不开司法运用理性妥当处理冲突矛盾的能力。①

第四，公正司法与司法能力现代化需要建立在法官慎独、恪守职业伦理的基础上。韩非子说，“奉法者强则国强，奉法者弱则国弱”。正己方能正人。作为适用国家法律的“奉法者”，其所代表的不仅仅是公权力的威严，更是一国之正义与正气。司法者成为法制“准星”，社会才能校准大是大非观念，才能树立规则意识，各种不良行为、举止才能及时得到清理、无所遁形。在世人看来，法官职业有着神圣光环。纪伯伦曾礼赞法官的神圣：“当他们把手指放到善恶交界之处，就能触碰到上帝的法袍。”法官的神圣性源泉不是来自于其他，而是来

---

① 参见王旭：《司法立信当不弃微末》，《人民日报》2013年7月4日。

自于法律本身。在我国，法律是人民意志的体现，其本身的刚性、原则和对人民最高利益的持守，决定了法官和司法事业必须坚持客观中立的司法态度、适当保守的社会角色和严谨负责的专业精神。法律职业有着特别的伦理准则，司法的美德也往往体现在法官个人的职业伦理之中。西方神话中，正义女神头戴蒙眼布，这并非闭目塞听，而寓意着自我约束、不受外界干扰、不为纷争者的身份所影响。在现代司法制度中，禁止单方接触、利益回避、司法克制原则等具体的制度设计，正是为了实现法律本身的公正与严肃，是对法官个人以及整个司法事业提出的职业戒律。由此可见，法官肩负国之重器，是正义的晓谕者和执行人。对于他们，提出比一般民众更加严格的伦理要求，理所当然。这种严格性不仅仅体现在法官操持法律职业活动的过程中，更体现在他们在法庭之下和法庭之外的私人生活中。古语有云："君子慎其独也"，国家的正义和法律的尊严是每一个法官时刻要恪守的神圣戒律，这一点一刻也不应该被忘记。作为"奉法者"的法官，需要时刻提醒自己：司法职业伦理不能仅仅在公开的司法职业活动中强调，还必须强调私人生活领域的自重、自守。这是因为私人生活中和私下独处时，往往也是公共监督缺乏、个人欲望膨胀、放纵思想潜行的时候，如果认为无人知晓不能自持自重，就有可能在无形中败坏了正义与法律，也给自己的职业生涯埋下了祸根。因此，法官群体应该养成审慎、克制、自律并适当保守的社会心理和角色体认，面对各种社会诱惑与陷阱，牢记"君子慎独"，为司法公正提供职业伦理的保证。[①]

最后，公正司法与司法能力现代化还必须培育司法对社会的回应性。司法活动自有其实体判断上的专业性和程序开展上的封闭性。然而，这并不能被推演和正当化为一种绝对的“司法自治”。尤其对于公众普遍关注、社会影响重大的案件，充分公开与积极回应有助于赢得司法权威。这样的“回应型司法模式”，应是多元社会聚合价值共识、化解社会争议、体现司法公正的必然选择。回应型司法，其基本要求是充分公开与透明，进一步的要求则是充分互动、明法析理。这些措施，一方面有利于舆论场的激浊扬清，以维护自身公正形象，充分接受社会监督；另一方面，也体现出了以参与为核心的司法民主价值，展示了司法的理性说理对于社会正义的建构能力。法治不仅是规则之治，其本质更是理由之治。法治与司法的有效性不是建立在强制与压力基础上的决断，而是一种充分明法析理的能力。办案人员只有运用证据将事实讲清楚、运用法律技术将规范说明白，才能以理服人，成为社会的底线共识。而作为民主社会的一种治理工具，司法必须建立在自身最低限度的民主运行机制之上，这也是防止司法权失去监督的必须。允许公民以恰当的方式参与到公共议论与商谈之中来，这本身就是一种有效的司法监督。可以说，回应型司法既是法治精神的要求，也是民主社会的要求。

---

① 参见王旭：《慎独是法官群体的职业伦理》，《人民日报》2013 年 8 月 14 日。

更重要的是，这还是公民权利的要求。对于一些重大、疑难、敏感的案件，公众关注、议论并要求司法的正义处理，都是公民知情权和参与权的必然体现。司法资源是公共资源，司法个案产生的指引性与每一个公民都息息相关，能够引领乃至塑造特定的公共生活规范。因此，公民有权对公共资源的运用予以了解并参与其中，更有权要求人民法院对特定的司法案件予以法理和事实上的充分阐明。实践说明，司法不是也不能在真空中进行。只有坚持回应型司法的深层次逻辑，才能为判决结果的社会可接受性奠定基础，也才能调和法律理性与社会议论之间的价值判断差异。说到底，回应型司法最终是要在坚持法治精神的基础上，为社会建构出更加理性、开放与平等的公共议论空间，这是司法为民、司法公信的重要制度保障。①

五、中国法治实施的重点与难点

（一）加快推进合宪性审查

党的十八大以来，合宪性审查正日益成为中国法治实施的重点工作。党的十八届四中全会提出了“完善全国人大及其常委会宪法监督制度”，党的十九大提出了“推进合宪性审查工作”。合宪性审查是对公权力行为是否符合宪法的一种审查和判

① 参见王旭：《回应型司法更能粘合民心》，《人民日报》2013 年 9 月 27 日。

断，也是法治国的“拱顶石”。它既是宪法实施的重要表现方式，也是监督宪法实施的一种重要保障措施。①

2018 年宪法修改以后，合宪性审查工作明显得到了加强和推进，我们可以将其总结为如下几个方面。

第一，全国人大宪法与法律委员会的成立，加大了合宪性审查的工作力度。根据党的十九届三中全会“党和国家机构改革方案”的决定，全国人大宪法与法律委员会在统一审议法律草案、推动宪法实施、开展宪法解释、推进合宪性审查、加强宪法监督、配合宪法宣传等方面具有工作职责，这就改变了原来全国人大法律委员会仅仅聚焦法律实施的职责范围，使合宪性审查有了专门的工作平台和制度抓手。②

第二，合宪性审查的事前审查得以强化。全国人大宪法与法律委员会第一次对《人民法院组织法》于 2018 年 10 月 26 日进行了事前合宪性审查：

> 人民法院组织法是 1979 年由五届全国人大二次会议通过的。按照宪法第六十七条第三项的规定，全国人大常委会对全国人民代表大会制定的法律可以进行部分补充和修改，但是不得同该法律的基本原则相抵触。由于这次提出的人民法院组织法修订草案对现行人民法院组织法补充修改的内容比较多、幅度比较大，因而在审议中有意见提出：

① 参阅林来梵：《宪法审查的理论与技术》，法律出版社 2009 年版。
② 参见于文豪：《宪法和法律委员会合宪性审查职责的展开》，《中国法学》2018 年第 6 期。

人民法院组织法修订草案是由常委会审议通过还是由代表大会审议通过，需要研究、妥善处理。经认真研究后发现，1979 年至今，人大常委会只对人民法院组织法作过一些小的修改。这次对人民法院组织法的修改，主要是适应司法体制改革的要求和司法实践发展的需要，对现行法律补充修改的内容较多，体例结构上需要有相应的安排，适宜采取修订的方式。同时，从人民法院组织法修订草案的内容看，这次修法没有改变我国人民法院的性质、地位、职权、基本组织体系、基本活动准则等，修改的内容都是属于补充、完善、调整、优化性质的，与人民法院组织法的基本原则不存在相抵触的情形。因此，人民法院组织法修订草案由全国人大常委会审议通过是可行的，符合宪法的有关规定。

同时，全国人大宪法与法律委员会还在实践中积极探索建立了“合宪性审查全覆盖”和“事前咨询、论证程序”以及探索建立“合宪性审查地方下沉机制”。

第三，强化、细化了立法文件的备案审查。2017 年 12 月，十二届全国人大常委会第三十一次会议首次听取了全国人大常委会法工委关于十二届全国人大以来暨 2017 年备案审查工作情况的报告，这也是全国人大常委会第一次向社会公布备案审查制度的运行情况，并正式明确了“有件必备、有备必审、有错必纠”的原则。2018 年、2019 年、2020 年，全国人大常委会继续听取了法工委年度备案审查工作并向社会公开发布了有关情况。《法规备案规定（草案）》的形成，围绕“范围”“标准”与“后果”三个方面，对备案审查工作进行了具体规定。

从理论上思考，未来中国有必要建立复合结构的合宪性审查制度：合宪性审查体现为在不同国家机构之间以及国家权力机关与执政党之间进行分工、沟通与配合，最终形成合力实现维护宪法的目标。中国合宪性审查混合宪制原理可以概括为“目标决定机构、机构分化功能、功能设计程序、程序提炼技术”的新研究思路。机构的建构归根结底取决于合宪性审查的目标，而目标在中国是多元的。目标决定了审查机关应该发挥怎样的功能，而不同的功能决定了不同的程序机制设计。由于合宪性审查的目标是多元的，因此程序设计必然是在尊重不同机关功能基础上的复合架构，具体可以在审查目标、启动主体、审查程序和审查技术 4 个方面展开。

第一，从审查目标来看，相关宪法法律文本确立了中国合宪性审查具有“预防违宪行为”“纠正违宪行为”和“促进宪法变迁”三大目标。预防违宪行为，主要体现为对正在制定中的法律文本或尚未生效的公权力行为进行监督，防止其实施或生效后偏离宪法要求。纠正违法行为体现为对已经生效的公权力行为经审查确定违宪后进行监督。促进宪法变迁则是在合宪性审查程序中，通过合宪性解释等方法，对重大制度变迁或改革进行意义转换，确保重大改革符合宪法，从而促进宪法含义主动适应改革，以发展宪法。

第二，从启动主体来看，围绕全国人大及其常委会的核心地位，不同的目标需要侧重不同功能的机构启动和主导。例如，纠正违宪行为适合于具有司法功能的国家机构发动，在个案中实现；预防违宪行为适合于具有民主审议功能的机关发动，体现为抽象的事前审查；促进宪法变迁的目标则适合于具有积极形成功能的行政机关乃至对宪法改革具有政治决断力的执政党来发动。因此，尽管审查主体是集中的，但启动主体是不同的，因而工作程序也是不同的。

第三，从审查程序来看，不同国家机构基于不同目标以及执政党与国家机构之间基于不同目标而应该设计的混合程序，按照某一个单一的国家权力（立法、司法等）建立起来的程序都不符合中国的原理。我们可以提炼出法律文件制定中的合宪性审查（包括合宪性咨询和事前审查，前者指制定主体就涉及到宪法条款的部分书面预先征询全国人大常委会意见；后者指对涉及宪法上公民基本权利的条款预先进行审查）、法律文件或其他公权力行为实施中的合宪性审查、党内法规与决策合宪性论证三大程序，其内部的启动程序和审查程序都不相同。

第四，从审查技术来看，由于程序设计的复合性，在具体技术上必然是抽象审查与具体审查、事前审查与事后审查、判断性审查与协商（论证）审查等相混合的方式。

（二）法治政府建设与新科技革命

中国法治实施的第二个重点和难点就在于我们处在以人工智能、区块链、云计算等为代表的信息技术革命时代，法治实施顺应这个时代背景对于全面依法治国具有战略性意义，尤其是作为全面依法治国需要率先突破的重点领域，法治政府建设如何有效促进及服务于科技发展，并有效预防科技革命所带来的风险，这是一个全新的课题。[①] 在21世纪的调控型法治模式下，法治政府建设更深刻体现出了对于科技创新强大制度牵引与有效规制的双重效应。可以说，一方面，科技创新的前提是个体自由、产权确定与思想市场，这需要防御型行政法治的有效控权，从而使行政法治体现出科技创新的引擎效应。另一方面，科技创新本身也是美国科学哲学家库恩所言的“范式革命”，具有不可控性，甚至可能挑战社会的道德、伦理与一般禁忌。这个时候，行政法治又可作为一种调控型法治的力量，发挥政府积极引导、有效控制、合理平衡利益的综合功能。甚至在科技创新出现明显副作用与风险的时候，行政法治还必须作为一种“供给型的法秩序”，要求政府为受到伤害的公民提供救助与帮扶。因此，我们可以说，这样一种“引擎”与“规制”的双重效应，也就是行政法治对于科技创新最基本的双重效应。

今天，在中华民族伟大复兴的历史进程中，这个历史进程也是中国从“制造大国”迈向“创造大国”、从“技术—制度模仿”到“技术—制度创新”、从政府集中统治到“大众创业、万众创新”的新时期，更是法治实施过程中政府要妥善处理自身角色的新时期。可以说，法律如何有效激发政府在科技创新中

① 参见王旭：《行政法治对科技创新的双重效应》，《社会科学报》2015年8月20日。

“引擎”与“规制”的双重效应，从而既能实现自由繁荣的创新进步，又能确保井然有序的共同体生活，并尤其注意化解中国步入风险社会之后产生的各种复杂性与混沌状态，比任何一个历史时期都显得更加重要，也更加体现出了一种“时空叠合”的历史任务。

从作为一种科技创新引擎的行政法治来看，法治政府建设必须进一步有效厘清政府与创新主体的法律边界、法律关系，尤其要为创新提供高效、便民、干净、透明的投资环境、研发环境和转化环境。无论是行政登记与行政审批改革，还是行政收费、行政执法、行政检查的更加规范化，都着眼于通过防御型的法治观念降低创新市场的成本，为创新主体，包括企业、个体和研究机构提供最为便捷的程序，进而创造出更加公平的外部环境。作为一种科技创新引擎的行政法治，还应表现在要界定更加明晰的产权，尤其是创新作为一种智力活动，其知识产权需要得到行政更加积极有效的保护。对于权利冲突，需要政府在行政裁决的制度建构上更加灵活、专业、有效，并统筹好国内和国际两个大局。此外，还要看到技术与资本的全球流动与冲突。从某种意义上说，“创新大国无内政”。技术效应以及相关权属争议往往发生在国际上，这个时候，国内政府还需要平衡国内权利主体与外国权利主体，并在专利审批、中外合作监管、海关执法等领域中，在维护国家核心利益与国内权利主体前提下体现符合国际通则的规则与标准。

从作为一种科技创新规制手段的行政法治来看，科技创新所引发的技术、制度、伦理等多重风险更加考验行政与行政法治的智慧。科技创新首先有可能引发技术风险。与农耕文明和工业文明时代相比，信息技术时代的创新有更多的技术风险，技术和创新本身的不可控性、不确定性、后果与效应的复杂性比人类任何一个时期都更加明显。例如，在食品安全领域，转基因食品究竟对于人类和环境的效果是利大还是弊大就是当前全球激辩和关注的话题。创新永远意味着向未知探索，也意味着哈耶克所说的“理性不及”或波普尔所强调的“试错原则”之合理存在。然而，法律对于这种理性不及必须要做出决断，对于试错产生的风险也必须要有所准备。因此，在一个未知的答案面前，政府应如何作为？是一律禁止还是适度容忍并赋予公民和社会选择权与知情权，同时创造一个公共论辩和研究的空间？此外，科技创新还会引发制度和伦理风险，例如克隆技术的进步，同时也是潜在对人类社会自身繁衍秩序的改变，这个时候引发的制度与伦理风险，政府又应该如何应对？通过法律，我们要在这个过程中赋予政府怎样的权力，我们要设计出什么样的权力运行的程序、方式以及如何平衡利害关系人的相关权益，这些都是规制行政法、调控行政法在应对科技创新时所必须回答的重大课题。

第五章　依法治国的自我革命

——确保严格的社会主义法治监督体系

《中共中央关于党的百年奋斗重大成就与历史经验的决议》明确提出，坚持自我革命。勇于自我革命是中国共产党区别于其他政党的显著标志。自我革命精神是党永葆青春活力的强大支撑。“自我革命”是中国共产党第二次回答“黄炎培之问”的重要答案。党的十九届四中全会通过的《中共中央关于坚持和完善中国特色社会主义制度、推进国家治理体系和治理能力现代化若干重大问题的决定》提出，要以党内监督为主导，推动各类监督有机贯通、相互协调。党和国家监督体系是一个严密整体，法治监督是其中重要部分，为突出重点，聚焦法治主题，笔者以为，从全面依法治国的角度来看，自我革命尤其表现在宪法设立国家监察委、法律监督机关来规范和约束所有行使公权力的人，来监督法治实施的全过程，并通过人民民主的各种途径和形式在法治轨道上推进社会监督。

一、国家监察体系的建立

2018年宪法修改在第三章“国家机构”部分中增加了“国家监察委员会”。十三届全国人大第一次会议也表决通过了《中华人民共和国监察法》。目前，全国人大常委会已经制定通过《中华人民共和国监察官法》，国家监察委也制定了《中华人民共和国监察法实施条例》，进一步完善了我国的国家监察法律体系。国家监察体系的建立，是中国法治实施的重大结构性调整，它的能力建设也需要我们从法学尤其是宪法学基础原理出发来研讨。对此，笔者已经形成了较为完整的理论成果，在这里进行简要介绍。[①]

（一）国家监察体系的形成原因

国家监察体系的形成是基于党和国家对我国反腐败体制两个结构性缺陷的观察与调整：第一个结构性缺陷是党的纪律部门与行政监察部门之间权力不匹配、不对等。传统的体制虽然是党的纪委机关与行政监察部门合署办公，形成反腐败合力，但两个系统在权力的覆盖面、对等性等方面都存在较大问题。纪检监察权力其效力只能及于中共党员，其他行使公权力的非中共党员不能被覆盖，而官僚主义的弊害显然又不仅仅存在于

① 参见王旭：《国家监察机构设置的宪法学思考》，《中国政法大学学报》2017年第5期。

党内；行政监察机关在组织序列上仅仅是一级政府的组成部门，其根据《中华人民共和国行政监察法》行使职权，也只能将效力及于行政机关工作人员。因此，虽然纪检机关与行政监察机关合署办公，但留有比较大的规范缝隙，且各自调整范围有很大的不同。这种合署办公在形式上实现了党和国家反腐败的权力同步，但在内容和实质上却存在着比较大的差异和距离。

第二个结构性缺陷是党的纪律部门与法律监督机关之间权力衔接不到位、不充分。党纪不能代替国法对于权力腐败进行法律责任追究。党的纪律部门是对党员公职人员纪律的处分和相关责任的认定，涉及需要进一步追究法律责任的，则要移转检察机关。这就需要两种性质权力在任务和程序上的有效衔接。但实际上，传统的衔接并不到位。例如，有的党内调查权力涉及我国宪法第 37 条所保护的公民人身自由，缺乏明确的法律授权；在涉及是否构成犯罪从而需要移送司法机关的判断过程中，党内的调查是否具有足够的判断专业性和手段充分性也值得考虑。再如，检察机关需要对腐败公职人员审查起诉、提起公诉，但同时它也是法律监督机关，又有超然的一面。这种角色冲突也使得权力的配置存在一些问题。

上述权力结构的不科学，归根结底表现为反腐败的权力覆盖面不够、独立性不够和法律授权充分性不够。由此，通过修改宪法和制定法律建立集中统一权威高效的国家监察机关，首先能够将所有行使公权力的主体都纳入监督范围，从而超越党派身份；其次再将这个机构定性为由同级人民代表大会产生的一级国家机关，与同级政府、法院和检察院并行，以解决其独立性；再次则按照监督—调查—处置的逻辑重新配置监察权力，来实现手段的法律授权充分性，将行政监察、检察机关等传统涉及职务腐败的监督职能都划归这个统一机构，在《中华人民共和国监察法》中规定了谈话、讯问、询问、查询、冻结、调取、查封、扣押、搜查、勘验检查、鉴定、留置等一系列措施。

（二）国家监察体系的宪法地位

那么，在宪法上如何对这样一个独立的反腐败国家机构予以定位呢？从全国人大常委会所作决定的内容来看，显然这个机构并没有突破中国的人民代表大会制度，仍然是属于人民代表大会制度下的一种履行专门监察职能的国家机构，它有着如下的宪法地位：

第一，只能由同级人大及其常委会选举产生的国家机构。既然是国家机构，它就只能由人大产生。因为全国人大及地方各级人大是我国宪法明定的“国家权力机关”。按照五四宪法对这个机关性质的定位，所谓“国家最高权力机关就是全国人民代表大会。包括三个方面：它是唯一的立法机关（第 22 条、第 26 条第 1 项）；国家的其他机关都是由他产生、罢免、改组、监督；国家生活中的重大事件，都由他来决定”。[①] 由此，权力机关区别于西方议会制度的一个最重要的特征就是它产生其他一切

① 韩大元编著：《1954 年宪法与新中国宪政》（第二版），武汉大学出版社 2008 年版，第 81 页。

国家机关，是一种制宪权在日常政治中的直接运用。现行宪法第2条也明确规定了人民行使国家权力的机关是全国人民代表大会和地方各级人民代表大会。从这个意义上说，国家监察机关由它产生，对它负责，受它监督。因此，“监察”的对象本身不能及于各级人大的行为，而只能针对具有公职身份的人大工作人员。

第二，在党的统一政治领导与人大的统一法律领导下的国家机构。与其他同样由人大产生的国家机构不同，国家监察机关既是“党统一领导反腐败的国家机构”，也是在人大的领导下行使国家监察权的机构，也就是说，党的领导权与人大的领导权在这个机构里是同时直接发挥作用的：党的领导既是政治领导，也是业务领导，赋予了这个机构政治生命；人大的领导主要是法律领导，尤其表现为一种监督，并赋予了这个机构法律生命。

从宪法学上看，我国监察机构的本质是党的领导权在国家具体领域的法律定型，它的本质功能是要落实宪法序言中的“中国各族人民将继续在中国共产党领导下进行现代化建设”的要求。宪法规定了中国共产党的领导，但这种领导权需要法定化才能更好地对国家治理产生直接效应和法律拘束力。

第三，行使独立、专门的国家监察权的国家机构。与其他国家机构相比，国家监察机构是独立行使特定国家权力的机构，不受其他国家机构的非法干涉。这种监察权有两个特点：一是针对人，而不是针对行为。监察的对象是国家行使公权力的所有人员，而不是某一个公权力行为。这区别于宪法规定的其他国家机构更多是针对行为行使的监督职能；二是既针对公职人员的犯罪行为，也包括违法行为乃至一般的道德廉洁性，这也使得它与其他国家机构更多是进行合法性评价有所不同。

（三）国家监察机构的能力建设

国家监察机构的能力建设涉及它的具体职能与工作程序以及与其他国家机构宪法关系之建构。在这个方面，我们归根结底是要用中国宪法有关国家机构的根本原理来进行建构和指引。这种指引国家机构的设计与发展的根本原理在现行宪法修改者看来可以归结为三条“使全体人民能够更好地行使国家权力”（民主制约原理）、“使国家机关能够更有效地领导和组织社会主义建设事业”（机构效能原理）、“使各个国家机关更好地分工合作、相互配合”（制度耦合原理）。[①] 由此，国家监察机构进入宪法必须遵守三条具体指针：首先，必须充分接受同级人大的领导和监督，要形成对它的民主制约有效性；其次，必须充分尊重其自身权力属性与运行规律，以确保它的制度运转有效性；再次，必须充分厘清它与相关国家机关的职能边界并形成制度合力，以实现制度关联的耦合性。

第一，民主制约原理与国家监察机构。民主制约原理是指必须保证人民能够通过国家机构切实掌握国家权力。习近平总书记在《在庆祝全国人民代表大会成立60周年大会上的讲话》中也明确指出：“切实防止出现人民形式上有权、实际上无权的

① 参见《彭真文选》（1941—1990年），人民出版社1991年版，第454—456页。详细理论说明参见王旭：《作为国家机构原则的民主集中制》，《中国社会科学》2019年第8期。

现象。"[①] 要防止权力滥用，失去宪法控制，归根结底就是要让国家机构必须通过法定的程序和方式最终对人民负责。从这个意义上说，国家监察机构必须对同级人大及其常委会负责，受它监督，因此需要在宪法上明确作为机关的一级人大及其常委会有哪些制约国家监察机关的手段。

第二，机构效能原理与国家监察机构。机构效能原理针对的是设置国家机构必须尊重这个机构的任务和权力属性及权力运行的规律，如此才能最大效能发挥该机构的宪法功能。它在理论上的根本要求体现在两个方面：一是尊重权力的属性和规律，以此作为配置和决定权力具体内容及体量的根本标准；二是提供权力切实有效运行的保障机制。国家监察机构虽然要忠诚于人大，但它的权力属性在于它是一种反腐败，而非简单地进行审判和法律监督的权力，它的运行规律则在于独立性、专业性和初步判断性。

第三，制度耦合原理与国家监察机构。在宪法上提升国家监察机构的工作能力最后还必须遵循制度耦合原理，也就是国家机构在分工的情况下，有效完成共同目标并在这个过程中彼此配合、制约。习近平总书记在《在庆祝全国人民代表大会成立60周年大会上的讲话》中深刻论述了这个原理："我们要坚持和完善民主集中制的制度和原则，促使各类国家机关提高能力和效率、增进协调和配合，形成治国理政的强大合力，切实

① 习近平：《在庆祝全国人民代表大会成立60周年大会上的讲话》，《人民日报》2014年9月6日。

防止出现相互掣肘、内耗严重的现象。”[①] 国家监察机构也必须与相关国家机构在职权、程序上充分分工、配合、制约。

二、法律监督机关体系的建设

（一）检察机关作为法律监督机关

我国宪法第一百二十九条明确规定：“中华人民共和国人民检察院是国家的法律监督机关。”从宪法实践来看，从 1949 年的《中央人民政府组织法》到 1954 年宪法，逐渐明确了检察机关作为国家法律监督机关的宪法地位，这主要是受到列宁检察制度指导思想的影响，将之设立为专门维护国家法制统一、纠正违反法律行为的国家机关，而不仅仅是针对公权力腐败的行为和公权力行使主体。因此，1954 年宪法才会将普通公民也包括在法律监督对象的范围内。[②] 现行宪法总结历史正反两方面的经验、教训，进一步明确了检察机关法律监督的重点：检察机关对于国家机关和国家工作人员的监督，只限于违反刑法、需要追究刑事责任的案件。至于一般违反党纪、政纪并不触犯刑法的案件，概由党的纪律检查部门和政府机关去处理。[③] 因此，学术界很早就有将检察机关职务犯罪侦查权移交监察机关或专

① 习近平：《在庆祝全国人民代表大会成立 60 周年大会上的讲话》，《人民日报》2014 年 9 月 6 日。

② 参见王桂五：《人民检察制度概论》，法律出版社 1982 年版，第 15 页。

③ 参见《彭真文选》（1941—1990），人民出版社 1991 年版，第 378 页。

门廉政机关的学理讨论。①

党和国家在实践中一直丰富着检察机关作为法律监督机关的职能，不断探索检察机关履行法律监督职能的形式、范围和方法。尤其是党的十八届四中全会以来，以习近平新时代中国特色社会主义思想为指导，检察机关作为法律监督机关在体制机制改革、职能转化、任务梳理等方面有了新的发展。站在新的历史起点和高度，实践也对检察机关的监督职能提出了更高、更全面的要求，形成了很多富有深意、高瞻远瞩的表述。在具体制度设计上，党的十八届四中全会决定明确提出，检察机关在履行职责中发现行政机关违法行使职权或者不行使职权的行为，应该督促其纠正。2015 年《中华人民共和国民事诉讼法》修改增加了检察机关提起公益诉讼制度，《中华人民共和国行政诉讼法》修改先后新增了检察建议和公益诉讼制度，这些制度都是我国宪法上权力制约与监督原则的生动体现，是检察机关作为法律监督机关性质与地位的具体诠释。公益诉讼、检察督促、检察建议等制度，尤其是对不行使职权的行为进行纠正，对于克服行政权的“懒政、惰政”和防止由于不作为、渎职、失职给国家、社会、公民利益及权利带来重大损害，进而在发生危害后果后进一步启动法律监督、立案侦查等程序都有着重要的意义。在诉讼活动中，检察机关能够在“以审判为中心”的格局里发挥必要的制衡与监督作用，对于实现个案正义更是

① 参见《依法治国与廉政建设研讨会纪要》，《法学研究》1998 年第 4 期；徐显明：《司法改革二十题》，《法学》1999 年第 9 期。

具有不可替代的作用。准确把握检察机关的法律监督机关地位，需要我们从如下几个方面进行深入思考：

第一，检察机关作为专门的法律监督机关具有制度优势。检察机关在掌握证据、严守程序、独立办案、理解法律等方面都具有很强的制度优势，其作为监督机关，可以更公正、更理性、更高效、更具法律精神地实现问责、追责，尤其是有助于查明相关事实。同时，检察机关的监督因其是专门机关还具有相对独立性。宪法赋予了检察机关独立的法律监督机关地位，《中华人民共和国刑事诉讼法》也赋予了检察机关独立的侦查权、审查起诉权和公诉权。因此，围绕以审判为中心，严格按照《中华人民共和国刑法》和《刑事诉讼法》的要件，对于是否构成渎职、滥用职权等职务犯罪要件进行实体上的准确判断和程序上的准确转换。对于不但构成行政违法而且涉嫌犯罪的，要及时进行判断和处理，决不能在事实上导致“行政责任吸收刑事责任”和“大事化小”，这样才能最终维护法律的权威，给人民以交代。

第二，作为专门法律监督机关，检察机关也需要处理好检察权与其他国家权力的关系。例如，在检察机关监督行政机关的调查中，要处理好与行政权的关系。具体而言，检察机关的调查要具有相对的独立性，既要尊重行政机关内部的调查程序，也要独立搜集证据、掌握信息，独立开展相应程序，实现行政责任与刑事责任的有效转化。还要处理好检察机关自身“调查”与“侦查”的关系。不能混淆了“调查”和“侦查”：调查更多是对事实的初步、快速判断，在证明标准方面比较低，更接近一种行政权的运行；侦查则是在初步调查后的更严格刑事司法行为，需要严格遵守《中华人民共和国刑事诉讼法》和相关司法解释对于渎职侦查的相关规定与判断。

第三，要处理好上级检察机关和下级检察机关的关系。重大责任事故的调查往往在最高人民检察院的指挥和领导下进行，地方检察机关也有相对独立的调查组织和权限。因此，上下级之间既要坚持领导与被领导的地位，尤其是最高人民检察院的调查权要敢于冲破地方保护，维护法律的统一和权威，同时也要适当尊重地方检察机关对事实判断、程序开展等相对独立性，因为地方检察机关的调查也具有信息、人力、组织等方面的优势。如何有效平衡，也直接会影响调查的效果。

第四，要处理好法律监督与社会监督的关系。检察机关的法律监督是一种国家监督，但它也需要社会监督的补充，尤其是国家监督本身也需要接受监督。检察机关介入的监督对象往往备受关注，这种情况下，法律监督本身要透明、公正、经得起社会各种监督力量的检验；同时，也要善于发动社会监督，包括新闻媒体、社会组织、公民个人的力量，为法律监督提供各种有力支持，这样调查效果才能最有效发挥。

（二）法律监督机关体系的现代化①

十九大报告指出，我国社会主要矛盾已经转化为人民日益

① 本部分参见王旭：《服务美好生活需要　强化检察职能作用》，《检察日报》2017年11月20日。

增长的美好生活需要和不平衡不充分的发展之间的矛盾。这个带有根本性的新时代形势判断和战略分析是全面推进中国特色社会主义伟大事业的现实基础。在全面推进依法治国的战略举措中，检察机关作为我国宪法明确规定的法律监督机关，应该在遵循司法规律的根本要求下深刻把握这个形势判断的丰富内涵，做好新时代法律监督工作，认清矛盾、开展实践，更加积极有为，充分发挥自身职能作用，有的放矢地为克服社会主要矛盾提供法治保障。新时代社会主要矛盾转化的表现是非常丰富的：第一，它意味着旧有主要矛盾的基本克服。我国已全面建成小康社会，这意味着生产力水平和文化生活质量得到了极大提高，物质文明有了重大进步。第二，它意味着人民群众的价值期待日益丰富。一方面，对物质生活的期待不再是主要目标，另一方面，有更多的新价值成为了人民群众的追求。这其中，尤其是对社会公平正义的期待和对良好生活环境的期待和对公共服务、给付更加均等化的期待将更加明显。人们将形成强烈的规则意识，期待实现更多获得感，过上更有尊严的生活将成为这样一个转变的重要追求。第三，它意味着包容性、内涵式和注重质量与可持续的发展，更意味着国家的制度供给能力、正义维护能力、价值塑造能力等软实力需要更加提高质量，实现可持续发展。

面对主要矛盾体现的这些具体方面，检察机关需要更加注重自身职能作用发挥，更好地履行宪法、法律赋予的职责使命。

第一，法律监督的制度需求更加注重维护个体权利和社会公共利益并重。在改革开放和市场经济的大背景下，强调市场经济就是法治经济。个体权利尤其是人身权和财产权是提高我国生产力水平的重要制度设计，是释放人的积极性和创造性的重要制度保障。因此，强调通过法律监督保护个体的权利和自由已成为检察机关的重要工作之一。多年来，检察机关通过诉讼程序和非诉程序在打击犯罪、保护个体权利方面作出了重要贡献，为克服上一个社会主要矛盾提供了重要制度保障。但是，新时代人民群众对于公共利益维护有更多的期待，如更美好的环境、更安全的食品、更有序的社会秩序等。这些公共利益虽然不是每一个人的特定利益，但与每一个人都息息相关，也是更有质量与内涵的生活的必然要求，检察机关面对的是一个维护公共利益的意识正日益勃兴的时代。

第二，新时代人民群众的尊严意识和人权意识更加强烈。“美好生活需要”的一个内涵是人的全面自由发展，而其中人的尊严必将成为核心内涵。由此，法律监督工作要更加注重保障人权与人格尊严，检察官的办案和其他工作都会受到人的尊严这一核心价值的更多注目，也会被寄予更多期待。

第三，新时代的法律将更加强调分配正义，有更多的制度设计将集中在民生保障、生存照顾、行政给付等方面。法律既要规制公权力的乱作为，更要规制公权力的不作为。防止在民生保障和给付中破坏平等原则和信赖利益将日益成为法律监督的重要内容。

第四，新时代的社会主要矛盾也会与以互联网、云计算、区块链、人工智能等为代表的人类第四次工业革命浪潮缠绕在一起，有时甚至会使得发展的不平衡不充分更明显，也使得传统的国家治理方式发生深刻转变。检察机关作为法律监督机关，在新技术发展面前也在理念、制度、技术等多方面面临更多挑战，需要紧跟时代变化的步伐。

对上述四个方面形势的基本判断，是依法加强检察机关职能建设、提高法律能力的重要前提。顶层设计和改革战略应更加关注以下几方面内容：

第一，加强公益诉讼职能，切实回应人民群众对公共利益维护的期待。随着民事诉讼法、消费者权益保护法、行政诉讼法等法律的修改完善，以检察机关为主体的公益诉讼制度体系正日益形成、完善。这是回应人民群众对美好生活需要的重要制度改革。例如，新修订的我国行政诉讼法第25条规定，人民检察院在履行职责中发现生态环境和资源保护、食品药品安全、国有财产保护、国有土地使用权出让等领域负有监督管理职责的行政机关违法行使职权或者不作为，致使国家利益或者社会公共利益受到侵害的，应当向行政机关提出检察建议，督促其依法履行职责。行政机关不依法履行职责的，人民检察院依法向人民法院提起诉讼。这一修改就是对新时代重点领域公共利益维护的重要制度设计。生态环境、食药安全这都是关系国家总体安全的重要内容，也是在“站起来、富起来”之后的中国人民最为关注的领域。检察机关应该在制度设计和具体实践上有更多作为，充分用好用足诉前程序和公益诉讼两种手段，并进行更加具体的程序设计。例如，检察建议的法律后果是什么、如何更有效形成压力传导机制迫使相关行政机关履行法定职责、如何为起诉分流、减轻制度成本，这些问题都需要进一步予以考虑。同时，如何与其他公益诉讼主体相配合、在程序上相衔接也需要有更多的思考。

第二，更加公正文明进行法律监督，切实保障人权，维护公民人格尊严。新时代的美好生活首先是有尊严的生活，这其中包含着公权力行使的谦抑和对比例原则的遵守。因此，检察机关履行审查起诉、提起公诉等一系列职能时，必须要将正当程序观念提高至更加高的地位，要更加严格遵守证据裁判规则，防止冤假错案。要加强对刑事办案全过程的法律监督，将宪法规定的分工负责、互相监督、互相制约原则更好地落实到位。

第三，要加强对行政不作为、乱作为的监督。新时代分配正义伦理的根本确立，将迎来对社会要素更注重平等分配、均等化的要求。这些都需要依靠行政机关充分、积极行使职权。在这个过程中，给付平等和信赖利益保护尤其重要。检察机关要切实履行监督职能，敢于坚持法治原则和法律规则，通过创新监督方式，用足法律武器来积极维护公平正义，既要监督乱作为，也要防止不作为，在案件申诉、依法抗诉、检察建议等程序上要更加积极有效。通过法律监督促进依法行政与良好行政。

第四，要积极迎接新技术革命的时代挑战，充分把握机遇。以互联网为核心的新技术革命浪潮与新时代社会主要矛盾缠绕在一起，对于检察机关来说，这既是挑战，也是机遇。一方面，互联网、云计算、区块链、人工智能等技术的兴起在社会生活方式、行为模式、组织形式、价值观等方面都给人类带来了新的变化，这也使得违法犯罪行为在对象、范围、手段、后果等方面发生了新的变化，例如互联网与平台经济相结合，给网络犯罪带来了便利，也给案件的处理带来了新的难度；人工智能的出现给认定法律责任、适用证据规则等方面带来了新的挑战，这些都是传导给检察机关的新压力。另一方面，利用新技术和新业态实现“智慧检察”，检察机关在提高工作效率、解放人力等方面也迎来了更多机遇。为此，检察机关既要积极探索新技术和新业态下新的办案规则，迅速发现规律，也要以“简化”和“智慧”作为核心，利用新技术提高办案效率。尤其是大数据的运用，对于统一相关司法尺度、类型化违法犯罪事实等有重要功效。

第五，遵循司法规律，抓住司法责任制这个“牛鼻子”，落实司法体制配套改革，形成有效工作机制。司法规律仍然是新时代检察机关更好履行职能的根本前提，司法责任制则是遵守司法规律的根本工作机制。同时，除了党的十八届三中、四中全会提出的司法体制改革，还需要进行配套制度改革。要积极探索更有效的职务分类保障制度，形成强大的法律监督职能，并最终建立在队伍建设上。国家治理能力的现代化本质上也是人的现代化。因此，配套制度改革要以人为中心，激励和约束机制并举，才能倒逼司法责任制的落实，形成检察机关内部有效的工作机制，为充分履行职能提供强大的制度保障。

三、社会监督体系的建设

社会监督是国家监督的有力补充，一般包括新闻媒体、社会团体、行业协会、社会组织、公民个人等各种力量对于国家公权力行为进行的多形式监督。进行深入的社会监督体系建设，能够减少国家监督成本，提高各方力量进行监督的积极性。

加强社会监督体系建设，首先是转变思想观念。对于人民群众的监督，部分国家机关工作人员抱有“监督就是拆台、制约就是作对”的观念，甚至有“谁让我难受一阵子、我就让谁难受一辈子”的错误态度，这都直接影响着人民群众监督的积极性和主动性。造成这一问题的原因主要有两个：一方面是缺乏有效的理想信念教育，缺乏为人民服务观念的教育，使得官僚主义在部分政府部门盛行；另一方面是缺乏问责倒逼的压力机制，对于没有主动接受监督的政府部门及主要领导缺乏问责、疏于压力传导。

加强社会监督体系建设，要畅通监督渠道。实践中，部分权力监督渠道依然狭窄，尤其是在公民依法监督方面。信访监督仍然是人民群众批评反映行政执法问题和行政机关工作人员不正之风的主要途径。但是，受信访办的职权限制，对于群众所反映的问题和申诉，信访办只能起到解答、沟通的作用，并不能实际产生监督和制约功能。只有开辟、畅通多种行政权力的监督和制约渠道，加强各相关部门之间的联系配合，加强信息化建设，才能真正实现对行政权力的监督和制约。造成这个问题的主要原因在于群众监督切实可行的制度设计“说起来重要，做起来不重要”。同时，相关部门之间存在较为严重的部门利益倾向，不能用超越自己利益的视角来看待问题。

第六章　依法治国的重要托底

——建立有力的社会主义法治保障体系

一、社会主义法治保障体系的要素

社会主义法治保障体系是确保社会主义法律体系、社会主义法治实施体系和社会主义法治监督体系能够落地生根、取得实效的重要组成部分。党的十八届四中全会通过的《关于全面推进依法治国若干重大问题的决定》中明确提出，要建构有力的法治保障体系。从学理上看，社会主义法治保障体系包括政治保障、队伍保障、政策保障与知识文化保障 4 个基本要素。

（一）坚持党的领导：政治保障

社会主义法治保障体系的核心是政治保障，也就是坚持党的领导。

首先，从立法、执法、司法、守法和法律监督全过程与全环节来看，只有坚持党的领导，才能始终保持法治建设的社会主义方向，才能确保法治建设始终坚持社会主义道路，进而体现社会主义性质。无论是立法还是法律实施，不体现党的意志就无法体现法治建设本身的优越性。

其次，只有坚持党的领导，才能克服法治建设中的各种艰难险阻，始终确保法治建设顺利进行。从历史上来看，中国共产党的领导是我国依法治国事业得以顺利进行的根本保障。依法治国有赖于党的意志决断，依法治国的战略蓝图、重点突破、时间表、路线图、任务书等，也都是在党的领导下完成的。尤其是遇到较大挫折的时候，依靠党的意志拨乱反正才重新恢复了中国法治建设的正常秩序。

（二）抓住"关键少数"：队伍保障

古人云："徒法不足以自行。"法治建设要抓住"关键少数"。领导干部是社会主义法治保障体系里的队伍保障，只有领导干部率先垂范，才能建设一支过硬的按照法治思维和法治方式治国的队伍。尤其有必要建立领导干部是否具有法治思维和法治方式的考核评议制度，以作为队伍保障的关键因素：

第一，将领导干部是否依法作出重大决策作为考核评议的重要内容。重大党政决策往往事关公共利益和人民群众福祉。决策过程中的参与、专业论证、风险评估、合法性审查、集体讨论等环节应该构成依法决策的基本要求。限制和约束"关键少数"，归根结底就是要限制和约束决策权力，尤其是做出重大决策的权力。各级党委应该列明上一年度的重大决策项目，并考核主要负责人依法作出重大决策是否符合相关民主和程序的要求。对于重大决策失误、违法造成重大公共利益损害或明显违背决策程序的领导干部，应该谈话提醒。情节严重的，应该依法依规做出处理。

第二，将领导干部是否依法处理群体性事件或社会关注度高的事件作为考核评议的重要内容。近几年来，由于不按照法律的规定处理社会事件、争议、纠纷，导致矛盾升级，社会不稳定因素增强的现象具有一定普遍性。这往往是领导干部凭借个人意志滥用权力、没有充分控制社会风险的结果。要将社会矛盾和冲突妥善化解，归根结底还是要法治国家、法治政府、法治社会一体建设。党政机关干部和群众都要严格依照法律的规定和标准，按照法定的程序，在法治的轨道上妥善解决纠纷和争议。对于凭借党政权力强行解决相关问题、激起更大范围和更为激烈民怨的领导干部，党组织应该在考核评议时提出批评或进行诫勉谈话，对于一意孤行、凭借个人意志滥用权力造成严重后果的，应该依规依法严肃处理。

第三，将领导干部是否善于运用法律顾问，借助法律专业人士处理工作问题作为考核评议的重要内容。党的十八届四中全会提出建立普遍的政府法律顾问制度，党内也有必要建立相应制度。一方面，因为很多政府领导本身也有党内职务，也是党的干部，处理党务和政务都需要专业法律人士；另一方面，因为依法执政与依法治国需要协同推进，在“党委决策、政府执行”的体制格局里，不提高党务的法治水平就不可能在根本上提高政务的法治水平。各级党组织要把建立良好的法律顾问队伍并充分利用这支队伍作为考核评议主要负责人的重要内容，对那些法律顾问制度健全、具有实效的党组织，对其主要负责人应该做出较高的评价；对于从来没有法律顾问或不注重充分发挥法律顾问作用的主要责任人，则应该对其作出较低的考核评价。在考核评议监督领导干部运用法治思维开展工作的时候，可以听取吸收法律顾问的意见，以作为组织、纪律部门评议考核监督的重要参考依据。

第四，将领导干部是否建立健全学习法律的工作机制作为考核评议的重要内容。领导干部运用法治思维开展工作的前提是具有丰富的现代法律知识，具有较高的法律意识，这离不开常态化的学习法律机制。各级党组织应该建立这个机制，并将这个机制的实际运行效果作为考核主要负责人的重要依据。

第五，将领导干部是否支持人大、政府、司法机关依法履职作为考核评议的重要内容。各级人大、政府、司法机关都在党的领导下开展相关法治工作，因此，同级党组织是否支持这些国家机关依法开展工作至为重要。这就意味着，同级党组织应该严格依照相关党内法规和国家法律来行使对同级国家机关的领导，在听取工作汇报、做出具体指示的时候应该避免业务上的直接干预，而是应更多集中在思想领导、政治领导和组织领导上。业务领导应该于法有据，尤其要避免党组织的领导干部以个人意志直接干预上述国家机关的履职活动。对于直接干预的，应该记录、通报，并在考核评议的时候给予较低评价；

对于情节严重的，应该在提拔使用时一票否决，触犯纪律或法律的时候还要严格追究其相关责任。此外，同级党组织应该监督同级国家机构是否依法履职，对于没有依法履职的，应该予以纠正。党委不作为的，对于其主要负责人在考核评议时应该作出较低的评价，并且要及时进行诫勉谈话予以提醒。

第六，将领导干部是否具有人权保障意识作为考核评议的重要内容。现代法治思维的核心是人权保障思维。各级党组织主要负责人和班子成员应该具备基本的人权保障意识，在决策、执行各项党务过程中，要始终注重对相对人或利益受到影响的人的宪法上规定的基本权利的保障。制定政策的时候，要符合比例原则的要求，努力实现最大多数人的最大利益，同时，还要注重保护少数人的利益。在食品安全、环境保护、城市治理等直接关系民生的领域，尤其要有人权保障意识，不能动辄以经济发展、社会稳定等名目牺牲人民群众的基本权利。在考核评议各级党组织领导干部的时候，要突出考察有没有发生或出台过侵犯人民群众基本权利的事件或政策。要注意多听社会群众和舆论对领导干部的反应，要善于从社会反响的角度来评价领导干部，对于积极维护人民群众利益和权利的领导干部应该给予较高评价，对于损害人民群众利益甚至出现恶性事件的领导干部应该给予较低评价，并进行相应处理。

第七，将领导干部在发展经济、改善营商环境过程中是否遵守法律作为考核评议的重要内容。发展经济、促进改革是各级党组织的重要使命，也是对各级党组织主要负责人的重大政治要求。领导干部能否有效提升和改善营商环境，应该是考察领导干部是否具有法律思维的重要指标。在发展经济、促进改革的过程中，部分领导干部也有可能突破法律底线，钻法律漏洞，绕着法律走。例如，不遵守法定程序，朝令夕改；“一张蓝图绘不到底”，损害人民群众信赖利益，与民争利；不能有效积极保护产权；在市场经济发展过程中制定不平等政策；破坏市场公平竞争环境等。在考核评议领导干部的时候，不能只看其绩，也要看这个业绩是否建立在遵守法律、尊重规则确保公平的基础上。对于那些绕开法律、破坏市场公平秩序、没有规则意识的业绩，就是再大，也要对之作出较低的评价。要注重业绩的合法性考核，让业绩能够经受住法律的考验。对于这样的领导干部应该重点使用，给予较高的评价，对于相反者，则应该给予较低的评价，并及时制止乃至做出相应的组织人事和纪律处理。

（三）人财物配备：政策保障

人财物的政策保障一直是我国法治建设中较为薄弱的环节。有的地方基层执法力量不足，需要大量辅助性力量，有的地方政法干警编制身份问题不能得到有效解决。此外，经费保障一直也是一个难题。受制于国家的经济力量，基层、边远或部分岗位，办案经费、工资收入、福利待遇不到位、“打白条”等现象在我国还在一定范围内存在，这既影响了人心士气，容易引发“辞职潮”，也可能会诱发部门利益，例如曾经出现过的“罚款经济”，即通过动用执法权来解决财政缺口的问题。同时，物质保障，包括执法装备、设备、设施也在很多地方存在缺口、老化等问题。因此，加强履职保障，编制专项经费，防止挪用、截留和私分，不断提高政法工作机构的地位，确保人力物力资源充足，才能有效完成法治建设的使命。

（四）建立普遍法律顾问制度：专业知识与能力保障

社会主义法治建设的顺利进行还必须有法律知识、法律技能和法律文化上的保障。这里一方面要靠政法队伍自身思维方式与能力水平的提高，但更重要的是要有人力资源保障，也就是要建立党政机关的普遍法律顾问制度、厚植法律文化。党的十八届四中全会明确提出要积极推行政府法律顾问制度，建立政府法制机构人员为主体、吸收专家和律师参加的法律顾问队伍，保证法律顾问在制定重大行政决策、推进依法行政中发挥积极作用，这是在新的时代条件和实践背景下，中央对于现代政府治理提出的一项具有重大战略意义的部署，也是对现代政府治理内在规律的深刻认识。具体而言，建立法律顾问制度对于保障社会主义法治事业顺利进行具有如下重要意义：

第一，应对复杂法律体系的挑战。现代社会的法律体系日益复杂和庞大，在这个法律体系中，相当多的内容与政府的决策、管理、服务、执法、监督等职能密切相关，构成了党政机关行为的合法性依据。如果党政机关不能严格按照法律所确定的权力清单来活动，则会面临巨大的法律风险。但是，如此数量庞大、层次复杂的体系，仅仅依靠党政机关自身的力量，无论是在知识上还是在适用法律的能力上都面临着不足。通过法制工作机构的纽带作用，并整合法学专家与法律职业工作者的力量，能够为政府决策和执法提供准确、丰富、全面的法律知识，从而为党政机关正确了解法律、准确运用法律提供专业的帮助。

第二，应对专业性问题的挑战。现代党的领导和政府治理不仅仅要面对法律的复杂，也要面对更多的行政专业问题的挑战。例如，在新的治理观念下，公私合作的广泛开展、超大规模城市治理中非核心功能有效疏解与转移、区域性协调发展（尤其是京津冀协同发展国家战略的确定）面临的利益平衡与政策沟通等，都是传统的政府决策和管理所没有面临过的新问题，也都蕴含着更多的复杂的现代行政专业知识。这些专业知识和实践都必须转化为法律程序设计，都必须借助具体的法律制度才能具有实操性，才能确保制度落地。因此，政府法律顾问还能够在更加具体、局部和前沿的领域，从法治的角度为政府决策出谋划策，从程序的思路为政府的战略设计提供更加专业的视角和参考，并提出一些前瞻性的法律设计方案，从而在法治的轨道上为政府处理相关的问题起到未雨绸缪的专业作用。

第三，简化政府和智慧政府建设的挑战。今天，人类已经步入信息技术革命的时代。信息技术革命与工业技术革命最大的不同在于它是对人的脑力而不仅是体力的解放。因此，在行政管理的领域，政府也面临着需要减负、需要做减法、需要运用更加智慧的技术手段去实现治理的有效性，从而创造出更多、更好的公共物品的需求。由此，法律也对于简化政府和智慧政府提出了更多的要求。例如，行政许可法就越来越要求政府要学会简政放权、高效便民；信息公开法律制度则要求政府要学会运用大数据，打造“移动政府”、阳光政府。可以说，今天的中国政府治理正面临着思维方式和手段的大更新与大转型。在这个过程中，法律顾问能够以其前沿的法律视角，为政府积极简政放权提供思路和框架，从法律的角度来把关什么是该管的，什么是需要社会和市场接手的；什么样的治理最符合新时代对正义的追求以及如何在一个大数据、云计算的时代确保行政手段最合法有效。因此，法律顾问不仅仅要做政府传统行为方式合法性的把关力量，而且要在法律框架里实现政府行为的积极创新，让政府管理行为的创新既符合法治精神，又具有更多的绩效。

第四，应对公共供给型社会的压力。党的十八届四中全会提出“良法是善治的前提”。这意味着法律的功能在当前尤其要注意实现善治的目标，要实现对更多公共服务、公共保障的追求。可以说，中国正在日益步入一个公共供给型的社会，人民对政府的期待已经不再是简单的依法行政，而是要求政府更加积极作为，创造更多的公共物品，提供更多充分、优质的公共服务。因此，政府需要在有限的成本之中创造更多的公共价值。那么，这就面临着一个问题：政府如何做到既防止不作为，不出现懒政惰政；又防止乱作为，不越出法律的边界。法律顾问的存在，一方面能够提醒政府注意防止不作为，要积极履职，要积极充分行使法律赋予的职权，防止出现“服务飞地”和“监管空白”，并尤其注意提高服务的质量；另一方面，也可以及时提醒政府不要好心办坏事，防止过犹不及和欲速不达。也就是说，法律顾问还可以通过专业的精神和各种具体形式来提醒政府始终按照法治思维和法治方式积极行为，坚持法治底线思维，切不可为近期目标、眼前利益、短期考虑突破法律，伤害人民的基本权利。可以说，法律顾问可以帮助塑造一个既积极有为，又循规蹈矩的现代政府。

第五，应对风险社会的考验。今天的中国正日益进入风险社会。对于政府治理来说，这种风险是多重的：有的是自然风险，例如地震、山洪、泥石流等；有的是技术风险，例如网络安全、食品安全等一系列公共安全背后的风险；有的则是制度风险，例如某一政策带来的利益分配不均等。不管是哪种风险，都有可能引起社会秩序的紊乱，造成人心浮动、矛盾突发。因此，现代政府治理要面临的最后一个考验就是风险社会所带来的群体性或个体性事件以及各种上访、冲突、行政复议、行政诉讼等引发的潜在不可控性。在这个过程中，政府如果没有法治思维，不善于赢得民心、不善于做群众工作并彻底化解矛盾，就有可能带来更大的麻烦，付出更多的治理成本。因此，法律顾问的一个重要功能就在于协助政府妥善处理风险社会所引发的各种矛盾和利益纠葛，通过法律程序和法律技术引导民众合理表达诉求、理性解决争议、妥善化解矛盾，进而将风险始终控制在小范围，并最终在法律的框架和轨道内彻底予以解决。法律顾问的理性、冷静和依法办事能够在政府和人民之间架构一个更加安全的防火墙，防止政府与人民的针锋相对、出现过激行为。可以说，法律顾问也是现代政府最重要的安全助手。

二、社会主义法治保障体系建构的主要原则

社会主义法治保障体系的建构不是一朝一夕的事情，需要综合考虑各种现实因素和法治建设所处的历史阶段，既不能过度，也不能不足，因此必须坚持如下原则：

第一，坚持党的领导作为最高政治原则。中国共产党的领导是中国特色社会主义的本质特征，坚持党的全面领导作为政治保障是最高原则，在任何时候都要毫不动摇地坚持，不能有折扣。偏离了党的全面领导，其他保障原则或措施都将失去意义。要探索党的领导有效进行政治保障的方式、方法、举措，合理界定党的政治领导、组织领导、思想领导、业务领导之间的界限。有的工作主要是坚持前三者，例如审判活动；有的工作则必须也要加强党的业务领导，例如监察活动。

第二，坚持量力而行、实事求是来提高保障水平的原则。知识文化水平的保障和人财物的保障要坚持从特定阶段性出发，量力而行、实事求是，既不超越现阶段提出保障的举措和目标，也不畏葸不前、固步自封、拒绝进步。要合理平衡不同阶段、不同领域、不同性质的保障措施。

第三，坚持标准化、规范化、程序化原则。社会主义法治保障应该建立起标准体系，实现规范化和操作的程序化，避免因领导人的改变而改变、因领导人注意力的改变而改变。尤其是涉及人才队伍建设时，要建立标准化的遴选、考核评价、奖惩体系。这对于精准用人，提升整体绩效具有重要作用和意义。

三、社会主义法治保障与基层治理

“郡县治，天下安”，以县域政权为代表的基层治理目前是我国政法工作的重中之重，也是社会主义法治建设保障的“压舱石”和“托底力量”。基层治理也是体现中国特色社会主义制度优势与治理效能的重要方面，这一点，我们可以从保障社会主义法治建设和自身增强治理效能两个方面来展开论述。

（一）在社会主义法治保障体系里准确站位

第一，区（县、市）一级政府法治建设的基本站位应该是积极承接、完成法治任务，确保中央和上级政府法治战略的落地。党的十八届四中全会明确了 190 项法治改革任务，其中涉及依法行政、加快建设法治政府的部分，相当多的内容都需要区（县、市）一级政府来落实、完成到位。有的任务，例如探索行政综合执法体制的改革，这直接是对区（县、市）一级政府提出的要求。因此，区（县、市）一级政府在法治建设中既不能缺位，也不能越位，既不能不跑，也不能抢跑，对于中央明确要求基层政府推进的法治改革任务，要积极完成，对于需要基层政府来协助落实完成的任务，要做好基层的协助工作，创造良好的基层法治生态环境。而对于超越基层政府相关法定权限，例如需要制定地方性法规或规章的事项，则不能盲目冒进，违反法定职权和程序的要求。

第二，区（县、市）一级政府还要积极回应地方的法治建设需求，注重积累法治建设的地方经验。全面推进依法治国是“顶层设计与基层创新”相结合的伟大战略，既需要有中央的宏观设计，也需要基层政府结合区情，分析本行政区域内的法治基础、法治环境，找准问题清单，明确本区域的改革层次和步骤，做到问题心中有数、思路体现精确改革。每一个区一级政府的法治基础和区情都是不同的，这也意味着需要突破和解决的法治问题有很大不同，法治需求的侧重点也各不相同。例如，经济发达创新能力强的基层，对于市场公平执法与依法高效服务的法治需求很大；而经济欠发达的基层，社会保障、社会矛盾化解等法治需求则会凸显。因此，这要求区（县、市）一级政府的站位必须脚踏实地、从实际出发，并尝试将地方成熟的法治建设经验和做法进行提炼和总结。

第三，确立基层法治建设的重点和难点，精准解决问题。每一个基层政府在不同的历史条件下都会面临自身特殊的问题，这些问题必须被纳入法治化轨道，以法治思维和法治方式来解决。例如，对于北京市的相关区县来说，当下疏解非首都核心功能、服务京津冀协同发展国家战略以及解决诸如城管、物业等问题，都是区政府工作的重点，且彼此又有关联。由此，应该针对这些问题在权限、程序、手段等方面寻找法律依据，并按照上位法积极推进相关工作，将深化经济社会改革与推进依法行政结合起来。

第四，加大基层政府公务员法治思维与法治能力的培养。“徒法不足以自行”。基层政府公务员法治思维和法治能力的高低直接决定了基层政府依法行政的水平，甚至由于基层公务员的人数规模以及与人民群众的直接联系，也直接决定了全面推进依法治国战略的落地。因此，基层政府应该加大公务员法治思维和法治能力的训练，提高法律知识和意识，避免执法风险的发生。

第五，提高社会治理的法治化水平，创新社会共治的法治建设局面。基层政府依法行政的水平直接与参与法治工作主体的多元化有密切联系。为此，要善于吸收律师、基层法律工作者等专业人士协助政府开展法治工作，化解群众争议，妥善解决社会问题。要在法治轨道上创新更多人民群众直接参与行政的途径和机制。要在法治轨道上创新社会问题和纠纷解决的方式，大力运用乡规民约、社区章程、习俗等“软法”，坚持道德教化与法律规范相结合，运用调解、协商、和解等多重手段来综合解决社会问题。

（二）增强基层治理的效能

中共中央、国务院在 2021 年 4 月发布的《关于加强基层治理体系和治理能力现代化建设的意见》明确指出，要以习近平新时代中国特色社会主义思想为指导，坚持和加强党的全面领导，坚持以人民为中心，以增进人民福祉为出发点和落脚点，以加强基层党组织建设、增强基层党组织政治功能和组织力为关键，以加强基层政权建设和健全基层群众自治制度为重点，以改革创新和制度建设、能力建设为抓手，建立健全基层治理体制机制，推动政府治理同社会调节、居民自治良性互动，提高基层治理社会化、法治化、智能化、专业化水平。这为我们完善社会基层治理体制、增强治理效能指明了根本方向。

第一，坚持法治化思路，完善、细化相关法律制度。法治的本质是人们对理性的认可，是社会文明的具体体现。我们谋求依法治国，就是要从根本上摒弃国家机关在治理国家时的随意性。依法没收违法物品是国家强制力的体现，为了保证国家强制力的正确行使，必须通过明确的法律规范来约束国家机关的行为，必须认识到对违法行为的处罚需要法律进行规范。为此，必须确立相关责任人的法律责任追究机制。法律责任实质上是国家对违反法定义务、超越法定权利界限或者滥用权力的违法行为所作出的否定性评价和谴责，是国家施加给违法者或责任者的一种强制性负担。对于违反法律规定处置罚没物品的相关责任人，追究其相应的法律责任可以迫使其规范执法行为，从而贯彻违法必究的理念，树立法律权威。

第二，坚持社会化思路，创新由社会组织、市场主体参与处理的思路。所谓社会治理的社会化本质上就是动员社会和市场的力量参与到公共治理与服务中来。传统的行政管理模式下，政府直接管理一切社会事务。但是，随着社会向前发展，社会事务越来越多，政府法人负担就越来越重。事实证明，盲目地扩大政府管理机制和编制的做法是不可取的。而各种社会主体在我国的经济、政治和文化生活中发挥着越来越重要的作用。社会组织已经成为我国市场经济的重要组成部分。社会治理注重治理主体多元化，改变以往社会管理中政府“包办”的做法，强调在发挥政府主导作用的同时，通过政府治理和社会自我调节、居民自治良性互动，实现全社会共同参与社会治理，提高行政效率，共同分享发展成果。

由社会行政主体来承担原本由政府承担的部分管理和服务职能，如果被选择的社会行政主体能力不佳，甚至不如政府本身的管理和服务能力，社会化治理便失去了其应有的意义。若要使政府所选择的社会行政主体能力佳、效率高，就必须有一个公正透明、公平竞争的环境作为保障，让各类社会行政主体之间能够通过竞争比较出优劣。这就意味着需要通过行政程序法规范政府选择社会行政主体的过程。对于行政主体和社会化行政主体之间的权利义务责任，要有明确的规定，以避免日后发生纠纷矛盾。

第三，坚持专业化思路，强调处理过程的部门专业性。专业化治理，立足于行政管理工作专业知识和专业技术方法，目的是适应多元化的社会背景。复杂社会是需要专业管理的社会。社会事务越来越复杂，逼迫着管理社会事务的行政机关也必须走向专业化管理的道路。为了应对日渐庞杂的社会事务，行政机关各部门的权限和职责也应当越来越精细化。在专业分工的前提下，各部门之间的协调配合也成为了发挥行政管理职能有效性的关键。因此，坚持专业化思路，在行政罚没物品处理过程中，既要强调分工，又要紧密配合，这可以给行政罚没物品的处理带来便利，也能够提升权力主体的行动能力，减少成本、提高效益、转化冲突。

第四，坚持智能化思路，建立数据共享互联的监管平台。在“互联网＋”时代，信息化是提供快捷便利服务、快速解决矛盾纠纷、提升治理效率的重要途径，也是改变传统管理方式、提升社会治理现代化水平的重要保障。例如，笔者在多个城市调研行政罚没物品处理的过程中发现，行政罚没物品处理的整体信息化水平不高，基础数据的电子化程度和透明公开性不足；条块分割现象严重，罚没物品处理的各执法部门之间缺乏信息交流，不能实现数据交换和共享，导致罚没物品的处理情况不透明，一定程度上造成了国有资产的流失。

因此，相关职能部门应该建立起互联共享大数据平台，防止出现执法交叉、信息孤岛、信息不透明等现象。信息化的手段能够超越时间空间限制，提升工作效率。在市级层面，可建立统一的信息化系统，达到基础信息大家共享、专业数据按权限管理的效果。如此，既能做到执法的各个环节有迹可循，也有利于维护相关人的合法权益。

第五，要高度重视基层城市治理的法治化。城市治理的法治化，要在新型城镇化的整体战略下实现。我国的新型城镇化，不仅仅是一个人口集中的历史过程，更是城市功能多样化和城市产业结构不断调整、升级的过程。在这个过程中，立法和执法要有统筹兼顾的类型化思维，避免“一刀切”。例如，在属人管理上，城市管理既要满足常住人口和收入较为稳定群体的需要，也要确保流动人口、低收入人群等最基本的利益。此外，还要有底线思维。对于一些低收入人群的简单商贩活动，既不能简单取缔，也不能放任其自流，必须通过集中区域、设定条件的管理方式来提供有效服务，在服务基础上实现秩序。

从世界经验和我国发展实际来看，城市管理在有的历史阶段需要做“加法”，例如赋予管理部门更多的职权，将更多的事项纳入到以政府为主体的管理结构中等。20 世纪 90 年代中期，我国通过相对集中行使处罚权的方式，形成了城市管理的综合执法机构，对城市管理的规划、建设、管理等方方面面的内容进行了全覆盖的功能设计。当然，在有的历史阶段，城市管理又需要做“减法”，尤其是对于一些特大型甚至世界级都市、城市群，需要对一些非核心功能进行疏解。这就要形成协同共治的思路。政府管理要向社会和市场让渡权力与分散任务，调动市民自身的积极性来参与治理。中国自古就有“简约治理”的传统，法律应该有更多制度创新，让社会、市场与市民承担起城市秩序维护、公共产品供给的分散任务，让政府起到辅助性与托底的责任。

城市管理法治化必须以问题为导向，尊重城市发展的规律。

从执法体制改革切入，正是当前中国城市管理改革问题导向的表现。力量不下沉和市县一级城市管理职能交叉、空白以及管理效率低下，是当前我国很多城市管理中的问题。此外，综合执法机构的法律性质、法律权限都存在不同的模式，且缺乏顶层设计。例如，地方城市综合执法机构的隶属关系不清，执法人员身份不明等问题，都是阻碍城市管理有效、合法、负责任的关键，需要通过顶层设计予以明确和解决。

今天，完善城市管理的复杂性在于：我们面对的不是一个工业革命初期的城市，而是被大数据、云计算、移动互联网等信息技术所包裹的城市，需要适应新业态和创新发展的要求。对于这个历史阶段，城市管理既要利用信息技术不断刷新和升级管理手段与方式，打造“智慧的城市”和“移动的城市”，让人民感受到城市生活的便捷，又要应对信息产业、平台经济等新业态给城市管理带来的问题。例如，城市的食品安全监管就不再仅仅是应对线下风险与实体经济，传统以现场执法和抽检为核心的手段，在面对网购平台、自媒体交易与结算时往往显得力不从心。因此，城市管理必须在体制机制创新中不断适应新的城市形态和产业形态，提升自身应对新问题的能力。

第七章　建构完善的党内法规体系

一、党规与国法的一般关系

党的十八届四中全会提出形成完善的党内法规体系，这体现了执政党运用制度力量加强自身现代化建设的重要努力，也意味着中国的法治体系呈现出了更多开放、多元与互相配合的国家法律与党内法规的二元结构，丰富、深化了我们对法治的认识，也是探索执政党管党治党，实现党内治理能力现代化的重要举措。

党内法规体系既是中国共产党以党章为根本，从全面从严治党的战略举措出发，着力进行制度建设，确保从严治党能够始终沿着制度化、可预期、规范化和程序性的轨道前进的创造，也是对现代国家法律体系的一种制度模拟。之所以称呼为“法规”，其本身即意味着从传统革命党偏重领袖意志与具体命令的治理手段向现代法律的一些基本要素与美德转换的努力，因此其也是党的治理意志（内容）与规范性表达（形式）的有机统一。要建构一个现代党内法规体系，归根结底就是既要更好体现从严治党的意志和规律，也要更好满足规范性文件的效力与要求，为此，需要回答好一些基本问题、处理好一些基本关系。①

第一，处理好党内法规两个基础的关系。“党章为本，宪法之下”，这既是我们清理党内法规的重要准则，也是进一步建设、完善现代党内法规体系的指针。党内法规首先是对党章的具体化，必须围绕党章明确的指导思想、宗旨使命、组织架构、党员义务权利等进行具体立法，不能偏离或超越党章明定的范围。其次，执政党也要在宪法法律的范围内活动，任何党组织与个人也没有超越宪法法律的特权。因此，全面具体规范党组织生活与党员活动的党内法规也必须符合宪法的基本要求，符合宪法上政党的法律地位。党章和宪法是党内法规的两个基础，也是党内法规具有法治与政治双重属性的根本体现。现代党内法规体系一定是充分体现这两个基础的规范体系。

第二，处理好党内法规内部体系与外部体系的关系。体系化意味着无矛盾与协调性，它是现代党内法规最重要的形式品质。党内法规存在内部和外部的双重体系：内部体系即是有权制定党内法规的主体在各自权限范围内制定的规范性文件，这些文件的制定权限和内容要严格符合相应规定，尤其是要避免

① 参考王旭：《建构现代党内法规体系需厘清四个关系》，《紫光阁》2016 年第 9 期。

不同部门之间制定内容的冲突以及下位法对上位法的突破。党内法规的外部体系也就是它与国家法律构成的整体。党组织既具有执政党身份，也具有宪法上的政党定位，党员既是党组织的成员，也是国家的公民。因此，党内法规体系的立、改、废、释还需要与其他有关法律的规定保持一致，以实现妥善的衔接。

第三，处理好党内法规建设实体与程序的关系。现代党内法规建设一方面依赖于严格、清晰的党组织职权配置、党员的权利义务责任，尤其是执政党问责的实体规定，另一方面也需要有正当程序的保障。法治的要义在于通过透明稳定的程序排除人的恣意，因此，党内法规也需要在程序上进行重点建设。这里的程序既包括党内法规本身的制定与实施程序，尤其是有必要加强法规解释程序的建设，让法规内容能够避免频繁改动的同时保持与时俱进，满足从严治党的需求，也包括了以明确主体责任为核心的问责程序。现代法治理念认为：问责的本质是公共理由的公共阐明，它需要以公开和理由说明为核心。党内问责追责法规需要突破“应急式的结果思维”，而是要将一种全程问责、理由充分公开说明的思维作为程序建设的重点。

第四，处理好党内法规功能全面从严治党与全面依法治国的关系。党的领导是中国特色社会主义的本质特征，也是中国特色社会主义法治建设的根本保障。因此，党内法规承载的功能不仅仅是全面从严治党，也直接促进、服务于全面依法治国。一方面，党的先进治理经验和智慧应该及时总结为党内法规，并为国家立法提供有益的借鉴与启示，实现向国家立法的有效转化；另一方面，党内法规体系建设也可以积极吸收国家法律体系在立法理念、立法技术、立法程序方面的先进智慧，统筹思考党内建设与国家建设，寻找从严治党与依法治国的内在转化规律。可以探索党的机构进行宪法监督的途径，也可以探索党的法制工作部门与国家立法机构协同制定法律的机制，实现党内法规更加全面丰富的功能。

二、社会主义党内法规体系及其科学治理逻辑[①]

习近平总书记在庆祝中国共产党成立100周年大会上明确指出，我们已经形成比较完善的党内法规体系。从1921年党的一大通过的中国共产党的第一个纲领到党的十九大明确提出要加快形成党内法规制度体系，严格依规治党是中国共产党作为百年大党所取得的重要成就，也是中国共产党百年来的经验总结。“体系”意味着中国共产党在百年奋斗历程中实现了从局部探索到制度集成的伟大飞跃，它的意义不仅仅意味着规则体系在形式上的完备和周全，也进一步释放了“科学治理逻辑”，成为“中国之治”的一个独特治理密码，蕴含着巨大的治理效能，成为我们坚定道路自信、理论自信、制度自信、文化自信的一个重要依据，同时也丰富了世界政党治理的现代方案。

党内法规体系的科学治理逻辑首先体现在它塑造了中国共

① 参见王旭：《党内法规彰显科学治理逻辑》，《人民日报》2021年9月24日。

产党作为马克思主义政党的先进性，实现了治理主体的价值定型与制度成熟。任何一个政党都是由自身的规则体系塑造的，只有通过规则塑造，才能使得政党彼此之间能够得到有效区分，治理主体自身的鲜明特征也决定了治理目标、方式与手段。中国共产党为什么能，中国特色社会主义为什么好，归根结底是因为马克思主义行。中国共产党作为马克思主义政党的先进性只有通过制定在马克思主义指导下、体现马克思主义政党要求与本色的法规体系才能被具体地塑造出来、定型下来，从而区别于世界历史上和当代其他一切政党。可以说，只有通过建构自身的党内法规，政党才能直观地看到自己独特的政治本质，才能深刻地理解自己具体的政治使命，各级党组织和党员才能被整合到统一的共同意志中，才能焕发出强大的治理效能。回顾百年党史，党章作为党内法规体系的根本，正扮演着建构先进马克思主义政党的角色，并以此来统领具体领域的党内法规，并且它始终是党内法规体系化最深厚的根基与最本质的要求。在党章的基础上逐步形成完整的组织体系、领导与自身建设行为、监督保障措施的相关规则，这是党的科学治理得以展开的根本前提。

党内法规体系的科学治理逻辑其次体现在它为管党、治党划定了清晰的边界、提出了明确的要求，确保了党的治理始终有领导核心、严密组织、准确行为和严格纪律。一百年来，中国共产党的党内法规体系逐渐形成了覆盖党的领导和党的建设，包括组织法规、行为法规和监督保障法规的完整体系。从这个法规体系来看，党内法规是对中国共产党如何自我组织、自我建设，如何领导改革发展稳定、治党治国治军、内政国防外交等事业的意志表达。通过这种表达，为各级党组织和党员设定职权义务权利，明确政治行动的统一意志与边界，从而既保持了治理所需要的强大政治定力，也产生了强大的制度执行力，进而确保治理目标的充分实现。

回顾百年党史，从最初的抽象纲领形态到愈加突出具体纪律，再从纪律上升到具有明确制定权限、程序和内容标准的“法规”，党内法规有效调控了各级党组织和党员行为的效能，在各类党内主体的相互关系、行动准则和监督保障方面划定了严密边界，控制其行为尺度与范围，而这正是科学治理具体方式、程序、标准的具体展开。

党内法规体系的科学治理逻辑还体现在对国家治理的效能延伸上。“中国之治”的一个独特优势就在于党的领导制度在国家治理体系中居于统领地位，是最重要最根本的制度。党在坚持和完善中国特色社会主义制度、推进国家治理体系和治理能力现代化中始终发挥着总揽全局、协调各方的作用。党的领导在价值目标、方式手段、机制程序等方面能够有效延伸到国家治理的各领域各方面各环节，从而将党的先进性转化为国家治理的先进性。通过党内法规与国家法律在组织法、行为法、监督保障法等领域的规则协同、配合、转化，能够将党组织的先进性转化为国家机构形成治国理政强大合力的制度保障，从而为国家治理提供强大效能。

三、统筹推进依法治国与依规治党

中国共产党的领导是中国特色社会主义的最本质的特征，统筹推进依法治国与依规治党则体现了中国共产党的创新意识。与西方建立在结社自由基础上、轮流执政的政党不同，我国宪法在序言部分就确认了中国共产党的长期执政地位和对治国理政的领导权。因此，中国共产党的意志对于国家治理具有长期、直接和统领全局的拘束力。党和国家在形式上不同，需要我们统筹推进依法治国与依规治党，实现二者的有机结合。为此，可以从以下几个方面来理解：

第一，时序同步。统筹推进意味着依法治国与依规治党不是前后相继的历史过程，而是同时推进、同步推进的历史过程。国家治理需要有完备的法律体系，党的自我完善也需要有完善的党内法规体系。如果只是对一个方面进行建设，则最终会由于这种“二元一体”“休戚与共”的性质而影响另一个方面。在现阶段，中国特色的社会主义法律体系基本建成，但党内法规体系还存在着一定短板，这种短板的长期存在，必然会干扰党的意志向国家意志的有效转换。

第二，价值一体。统筹推进还意味着国法与党规具有相同的价值目标体系，那就是实现执政权、领导权和监督权的并行不悖，实现党和国家的制度现代化。国法与党规首先都要致力于巩固党的执政权和执政地位。国法是党的执政地位外部的规范形态。只有取得国法的地位，党的执政权才可能具有外部的效力，得到外部的确认；党规是党的执政地位内部的规范形态，只有党规完备、清楚，党的执政权才能有自身的制度基础。其次，党的领导既是对国家的领导，也是对自身的领导。党领导人民依法治国和自我建章立制，目的都是实现领导权的法定化、稳定化。再次，国法与党规都具有规范的形态，都以权利义务责任为内容，因此它们为党在内外治理中适用规范、进行监督以及防止出现违背意志的行为出现提供了客观的规范基础。

第三，功能分化。“统筹”的逻辑前提是一定的分化，只有两个不完全相同的事物才需要统筹。因此，统筹推进也意味着国法与党规在功能上并不完全一致：国法更多是促进领导权的实现，通过法治体系的实践展开，使党实现对国家治理的具体领导；党规更多着眼于党的领导和建设，实现党的自我完善与更新。因此，在进行制度设计的时候又需要目标导向，从不同目标出发，抓住各自的重点领域和关键环节进行完善与突破。

第四，转介自如。“统筹推进”的本质是为国法与党规创造了一个新的对话与互相学习的公共空间，其本质上是一种反思理性的生长。国家法律体系在应对复杂治理的过程中，很多问题还需要从党自身来予以破解；党内法规在形成体系的过程中也需要汲取现代法治的诸多原理和技术，二者应该通过一定的规范设计实现效力的转介与合作。

当前统筹推进依法治国与依规治党，需要抓住一些重点领域和关键环节，例如以下三个方面：

第一，党内程序法规建设。在现阶段，需要加强党内程序法规的意识和制度建设。程序是对恣意妄为和人治最好的约束，也是能够沟通国法与党规的必经渠道。国法和党规都有各自的“立法法”，立法程序基本明确，但还需要进一步完善党内法规修改、解释、监督和转介的程序，尤其是可以探索以宪法和党章作为根本，建立监督党内法规是否违反这两个根本规范的程序，并赋予其相应的处理手段。也可以探索党政联合制定法律或党内法规的程序、党政联合做出重大决策的程序等制度设计，通过程序来实现权力行使的稳定和有序。

第二，党内督察法规建设。问责始终是国法和党规的重要内容。但与国法不同，党内问责的手段和方式相对有限，也缺乏诸如法院这样的国家司法机关予以直接保障，因此需要探索党内督察法规的建设。党内督察严格来说并非是后果导向的问责，但它是一种避免权力失灵、怠于行使权力的重要制度，在国家治理中很多领域，例如规划、国土等部门也都有相应的督察制度。督察的本质在于引入过程思维而不是结果思维。对问责的理解，传统更多停留在事后追惩之上，但此时往往权力行使已经违法或损害了公共利益。因此，问责不是以执法权和追惩权作为基本内容，而是要突出“全过程控制”与“公共理由公开说明”这两个重要方面。“全过程控制”要求监督端口要前移，要在权力运行的全过程都进行有效监督与提醒和督促。督察的意义就在于时刻要求行使行政权的主体对于每一个决策、决定所考虑的因素、环节都应做出有针对性的说明，以实现监督的理性化。

第三，党的领导权与监督权的法律定型。党的领导权和监督权只有被赋予了法律地位、具有了法律属性才能直接发挥国家治理的规范效力。因此，对于一些需要法律定型的党的权力，需要通过国法制定予以实现。例如，传统党内执纪问责的一些手段、措施可以通过《中华人民共和国监察法》获得法律定型，成为正式的法律手段，并明确其运用的对象、条件、权限、救济等要素。又如，有些党内工作机构在新的历史条件下可能需要走向前台，直接参与国家治理，才能发挥其最大的功能。这个时候，也需要通过立法明确其组织法上的地位、性质、权限和工作程序。

后　记

全面推进依法治国是时代强音，也是建设中国特色社会主义现代化强国、实现中华民族伟大复兴的必由之路。2020 年 11 月 16 日至 17 日召开的中央全面依法治国工作会议正式提出“习近平法治思想”，全面依法治国有了行动指南和根本遵循。本书就是以习近平新时代中国特色社会主义思想为指导而形成的学习贯彻习近平法治思想的初步思考。在写作本书的过程中，笔者从自己学习习近平法治思想既有研究成果整理开始，以中央《全面推进依法治国若干重大问题的决定》确定的社会主义法治体系五个有机部分为框架，学习领会党的十九大、十九届三中、四中、五中、六中全会精神，将自己的研究成果进行逻辑归位和重新阐发。书中很多内容都是先期思考的结晶，分别发表在《求是》《中国高校社会科学》《中国政法大学学报》《人民日报》《检察日报》《学习时报》《中国社会科学报》等杂志、报纸上。本次写作笔者进行了新的体系化整理，并补充了对习近平法治思想进行学习阐释的相应部分。习近平法治思想内涵丰富、逻辑严谨、体系完备，是博大精深的行动指南。本书的撰写工作得以顺利完成，要感谢王晶总主编的统筹策划、指导。笔者能力有限，对习近平法治思想的学习也还处在初步阶段，书中的不足之处在所难免，还请有关部门同志和读者多多批评、指正。

王旭

2022年3月15日